ENZYKLIKA

FRATELLI TUTTI

DES HEILIGEN VATERS

PAPST FRANZISKUS

ÜBER DIE GESCHWISTERLICHKEIT UND DIE SOZIALE FREUNDSCHAFT

LIBRERIA
EDITRICE
VATICANA

Titelbild:
Giotto, *Der hl. Franziskus schenkt seinen Mantel dem Armen,*
1289-1292.
Assisi, Oberkirche der Basilika "San Francesco"
© Archivio fotografico del Sacro Convento
di S. Francesco in Assisi, Italia.

ISBN 978-88-266-0521-0

www.vatican.va
www.libreriaeditricevaticana.va

1. »*Fratelli tutti*«[1] schrieb der heilige Franz von
Assisi und wandte sich damit an alle Brüder und
Schwestern, um ihnen eine dem Evangelium ge-
mäße Lebensweise darzulegen. Von seinen Rat-
schlägen möchte ich den einen herausgreifen, mit
dem er zu einer Liebe einlädt, die alle politischen
und räumlichen Grenzen übersteigt. Er nennt
hier den Menschen selig, der den anderen, »auch
wenn er weit von ihm entfernt ist, genauso liebt
und achtet, wie wenn er mit ihm zusammen wäre«.[2] Mit diesen wenigen und einfachen Worten
erklärte er das Wesentliche einer freundschaftlichen Offenheit, die es erlaubt, jeden Menschen
jenseits des eigenen Umfeldes und jenseits des
Ortes in der Welt, wo er geboren ist und wo er
wohnt, anzuerkennen, wertzuschätzen und zu
lieben.

2. Dieser Heilige der geschwisterlichen Liebe,
der Einfachheit und Fröhlichkeit, der mich zur
Abfassung der Enzyklika *Laudato si'* anregte, motiviert mich abermals, diese neue Enzyklika der
Geschwisterlichkeit und der sozialen Freundschaft zu widmen. In der Tat wusste sich der heilige Franziskus, der sich als Bruder der Sonne,

---

[1] *Ammonizioni*, 6, 1: *Fonti Francescane* 155.
[2] *Ebd.*, 25: *Fonti Francescane* 175.

des Meeres und des Windes verstand, noch viel tiefer eins mit denen, die wie er von menschlichem Fleisch waren. Er säte überall Frieden aus und ging seinen Weg an der Seite der Armen, der Verlassenen, der Kranken, der Ausgestoßenen und der Geringsten.

Ohne Grenzen

3. Es gibt eine Begebenheit in seinem Leben, die uns sein Herz ohne Grenzen zeigt, das fähig war, den Graben der Herkunft, der Nationalität, der Hautfarbe und der Religion zu überspringen. Es handelt sich um seinen Besuch bei Sultan Malik-al-Kamil in Ägypten. Dieser Besuch bedeutete für ihn eine große Anstrengung aufgrund seiner Armut, der wenigen zur Verfügung stehenden Mittel, der Entfernung und der Unterschiede in Sprache, Kultur und Religion. In jenem historischen, von den Kreuzzügen geprägten Moment zeigte diese Reise einmal mehr die Größe und Weite der Liebe, die er leben wollte im Verlangen, alle zu umarmen. Die Treue zu Gott, seinem Herrn, entsprach seiner Liebe zu den Brüdern und Schwestern. Franziskus ging zum Sultan, ohne die Schwierigkeiten und Gefahren einer solchen Begegnung zu verkennen. Er tat dies in der Einstellung, die er von seinen Jüngern verlangte, dass nämlich keiner seine Identität verleugne, der »unter die Sarazenen und andere Ungläubige gehen will, [...] und dass sie weder zanken noch streiten, sondern um Gottes Willen jeder menschlichen Kreatur untertan

4

sind«.[3] In diesem Zusammenhang war das eine ganz außergewöhnliche Aufforderung. Es berührt mich, wie Franziskus vor achthundert Jahren alle dazu einlud, jede Form von Aggression und Streit zu vermeiden und auch eine demütige und geschwisterliche „Unterwerfung" zu üben, sogar denen gegenüber, die ihren Glauben nicht teilten.

4.   Er führte keine Wortgefechte, um seine Lehren aufzudrängen, sondern teilte die Liebe Gottes mit. Er hatte verstanden: »Gott ist Liebe, und wer in der Liebe bleibt, bleibt in Gott und Gott bleibt in ihm« (1 Joh 4,16). Auf diese Weise wurde er zu einem liebevollen Vater, der den Traum einer geschwisterlichen Gemeinschaft verwirklichte; denn »nur der Mann, der es auf sich nimmt, auf andere Menschen in ihrer Bewegung zuzugehen, nicht um sie zu vereinnahmen, sondern um ihnen zu helfen, mehr sie selbst zu werden, wird tatsächlich zum Vater«.[4] In jener Welt voller Wachtürme und Verteidigungsmauern erlebten die Städte blutige Kriege zwischen mächtigen Familien, während die Elendsviertel der Ausgestoßenen an den Rändern wuchsen. Dort empfing Franziskus innerlich den wahren Frieden, er befreite sich von jedem Verlangen, andere zu beherrschen, er wurde einer der Geringsten und

---

[3] FRANZ VON ASSISI, *Nicht-bullierte Regel,* 16, 3.6: *Fonti Francescane* 42-43.
[4] ÉLOI LECLERC OFM, *Exil et tendresse,* Marova, Paris 1962, S. 205.

versuchte in Harmonie mit ihnen zu leben. Von ihm kommt die Motivation für diese Seiten.

5. Die mit der Geschwisterlichkeit und der sozialen Freundschaft einhergehenden Fragestellungen waren mir immer ein Anliegen. In den letzten Jahren habe ich bei verschiedenen Gelegenheiten wiederholt darauf Bezug genommen. In dieser Enzyklika habe ich viele von diesen Beiträgen gesammelt und in einen größeren Reflexionsrahmen gestellt. Wenn mir bei der Abfassung von *Laudato si'* eine Quelle der Inspiration durch meinen Bruder, den orthodoxen Patriarchen Bartholomaios, zuteilwurde, der sich nachdrücklich für die Sorge um die Schöpfung eingesetzt hat, so habe ich mich in diesem Fall besonders vom Großimam Ahmad Al-Tayyeb anregen lassen, dem ich in Abu Dhabi begegnet bin. Dort haben wir daran erinnert, dass Gott »alle Menschen mit gleichen Rechten, gleichen Pflichten und gleicher Würde geschaffen und sie dazu berufen hat, als Brüder und Schwestern miteinander zusammenzuleben«.[5] Es handelte sich nicht um einen einfachen diplomatischen Akt, sondern um eine auf dem Dialog und einem gemeinsamen Engagement aufbauende Reflexion. Die vorliegende Enzyklika sammelt und entwickelt prinzipielle Themen, die in jenem von

---

[5] *Dokument über die Brüderlichkeit aller Menschen für ein friedliches Zusammenleben in der Welt*, Abu Dhabi, Vereinigte Arabische Emirate (4. Februar 2019): *L'Osservatore Romano* (dt.), Jg. 49 (2019), Nr. 7 (15. Februar 2019), S. 8.

uns gemeinsam unterzeichneten Dokument auf-
geführt sind. Hierbei habe ich auch, mit meinen
Worten, zahlreiche Dokumente und Briefe aufgenommen, die ich von vielen Menschen und
Gruppen aus aller Welt empfangen habe.

6.   Die folgenden Seiten erheben nicht den Anspruch, die Lehre über die geschwisterliche Liebe
umfassend darzustellen. Sie verweilen vielmehr
bei ihrer universalen Dimension, bei ihrer Öffnung auf alle hin. Ich lege diese Sozialenzyklika
als demütigen Beitrag zum Nachdenken vor. Angesichts gewisser gegenwärtiger Praktiken, andere zu beseitigen oder zu übergehen, sind wir
in der Lage, darauf mit einem neuen Traum der
Geschwisterlichkeit und der sozialen Freundschaft zu antworten, der sich nicht auf Worte beschränkt. So schrieb ich diese Enzyklika auf der
Grundlage meiner christlichen Überzeugungen,
die mich beseelen und nähren, und habe mich
zugleich bemüht, diese Überlegungen für den
Dialog mit allen Menschen guten Willens offen
zu halten.

7.   Als ich dieses Schreiben verfasste, brach un-
erwartet die Covid-19-Pandemie aus, die unsere
falschen Sicherheiten offenlegte. Über die unterschiedlichen Antworten hinaus, die die verschiedenen Länder gegeben haben, kam klar die Unfähigkeit hinsichtlich eines gemeinsamen Handelns
zum Vorschein. Trotz aller Vernetzung ist eine
Zersplitterung eingetreten, die es erheblich erschwert hat, die Probleme, die alle betreffen, zu

lösen. Wenn einer meint, dass es nur um ein besseres Funktionieren dessen geht, was wir schon gemacht haben, oder dass die einzige Botschaft darin besteht, die bereits vorhandenen Systeme und Regeln zu verbessern, dann ist er auf dem Holzweg.

8. Ich habe den großen Wunsch, dass wir in dieser Zeit, die uns zum Leben gegeben ist, die Würde jedes Menschen anerkennen und bei allen ein weltweites Streben nach Geschwisterlichkeit zum Leben erwecken. Bei allen: »Dies ist ein schönes Geheimnis, das es ermöglicht, zu träumen und das Leben zu einem schönen Abenteuer zu machen. Niemand kann auf sich allein gestellt das Leben meistern […]. Es braucht eine Gemeinschaft, die uns unterstützt, die uns hilft und in der wir uns gegenseitig helfen, nach vorne zu schauen. Wie wichtig ist es, gemeinsam zu träumen! […] Allein steht man in der Gefahr der Illusion, die einen etwas sehen lässt, das gar nicht da ist; zusammen jedoch entwickelt man Träume«.[6] Träumen wir als eine einzige Menschheit, als Weggefährten vom gleichen menschlichen Fleisch, als Kinder der gleichen Erde, die uns alle beherbergt, jeder mit dem Reichtum seines Glaubens oder seiner Überzeugungen, jeder mit seiner eigenen Stimme, alles Geschwister.

[6] *Ansprache beim ökumenischen und interreligiösen Treffen mit den Jugendlichen*, Skopje, Nordmazedonien (7. Mai 2019): *L'Osservatore Romano* (dt.), Jg. 49 (2019), Nr. 20/21 (17. Mai 2019), S. 10.

ERSTES KAPITEL

DIE SCHATTEN EINER ABGESCHOTTETEN WELT

9. Ohne den Anspruch zu erheben, eine erschöpfende Analyse zu leisten oder alle Aspekte der Wirklichkeit, in der wir leben, zu berücksichtigen, möchte ich die Aufmerksamkeit nur auf einige Tendenzen der heutigen Welt lenken, welche die Entwicklung einer Geschwisterlichkeit aller Menschen behindern.

TRÄUME, DIE PLATZEN

10. Jahrzehntelang schien es, dass die Welt aus so vielen Kriegen und Katastrophen gelernt hätte und sich langsam auf verschiedene Formen der Integration hinbewegen würde. So ist zum Beispiel der Traum eines geeinten Europas vorangeschritten, der fähig war, die gemeinsamen Wurzeln anzuerkennen und sich zugleich über die in ihm wohnende Verschiedenheit zu freuen. Erinnern wir uns an »die feste Überzeugung der Gründungsväter der europäischen Union [...], die sich eine Zukunft wünschten, die auf der Fähigkeit basiert, gemeinsam zu arbeiten, um die Teilungen zu überwinden und den Frieden und die Gemeinschaft unter allen Völkern des Konti-

9

nentes zu fördern«.[7] Auch das Streben nach einer lateinamerikanischen Integration hat Fahrt aufgenommen und bereits einige Schritte gemacht. In anderen Ländern und Regionen gab es Bemühungen um Befriedung und Annäherung, die Früchte getragen haben; weitere schienen vielversprechend zu sein.

11.   Doch die Geschichte liefert Indizien für einen Rückschritt. Unzeitgemäße Konflikte brechen aus, die man überwunden glaubte. Verbohrte, übertriebene, wütende und aggressive Nationalismen leben wieder auf. In verschiedenen Ländern geht eine von gewissen Ideologien durchdrungene Idee des Volkes und der Nation mit neuen Formen des Egoismus und des Verlusts des Sozialempfindens einher, die hinter einer vermeintlichen Verteidigung der nationalen Interessen versteckt werden. Das erinnert uns daran, dass »jede Generation sich die Kämpfe und die Errungenschaften der früheren Generationen zu eigen machen und sie zu noch höheren Zielen führen muss. Das ist der Weg. Das Gute, ebenso wie die Liebe, die Gerechtigkeit und die Solidarität erlangt man nicht ein für alle Male; sie müssen jeden Tag neu errungen werden. Unmöglich kann man sich mit dem zufriedengeben, was man in der Vergangenheit erreicht hat, und dabei verweilen, es zu genießen, als würden

   [7] *Ansprache an das Europäische Parlament*, Straßburg (25. November 2014): *AAS* 106 (2014), 996; *L'Osservatore Romano* (dt.), Jg. 44 (2014), Nr. 48 (28. November 2014), S. 13.

wir nicht merken, dass viele unserer Brüder und Schwestern unter Situationen der Ungerechtigkeit leiden, die uns alle angehen«.[8]

12.   „Offen sein zur Welt" ist ein Ausdruck, den sich die Wirtschaft und die Finanzwelt zu eigen gemacht haben. Er bezieht sich ausschließlich auf die Öffnung gegenüber den ausländischen Interessen oder auf die Freiheit der Wirtschaftsmächte, ohne Hindernisse und Schwierigkeiten in allen Ländern zu investieren. Die örtlichen Konflikte und das Desinteresse für das Allgemeinwohl werden von der globalen Wirtschaft instrumentalisiert, um ein einziges kulturelles Modell durchzusetzen. Eine solche Kultur eint die Welt, trennt aber die Menschen und die Nationen, denn »die zunehmend globalisierte Gesellschaft macht uns zu Nachbarn, aber nicht zu Geschwistern«.[9] Wir sind einsamer denn je in dieser durch Vermassung gekennzeichneten Welt, welche die Einzelinteressen bevorzugt und die gemeinschaftliche Dimension der Existenz schwächt. Es gibt vor allem mehr Märkte, wo den Menschen die Rolle von Verbrauchern oder Zuschauern zukommt. Das Fortschreiten dieses Globalismus begünstigt normalerweise die stärkeren Gebiete, die sich selbst behaupten, sucht

[8] *Begegnung mit Vertretern der Regierung und des öffentlichen Lebens sowie mit dem Diplomatischen Korps*, Santiago de Chile (16. Januar 2018): *AAS* 110 (2018), 256; *L'Osservatore Romano* (dt.), Jg. 48 (2018), Nr. 3 (19. Januar 2018), S. 7.
[9] BENEDIKT XVI., Enzyklika *Caritas in veritate* (29. Juni 2009), 19: *AAS* 101 (2009), 655.

aber die schwächsten und ärmsten Regionen zu beeinträchtigen, indem es sie verwundbarer und abhängiger macht. Auf diese Weise wird die Politik gegenüber den multinationalen wirtschaftlichen Mächten, die das „Teile und herrsche" anwenden, immer zerbrechlicher.

Das Ende des Geschichtsbewusstseins

13.   Aus dem gleichen Grund wird ein Verlust des Geschichtsbewusstseins gefördert, das eine weitere Auflösung hervorruft. Man nimmt das Vordringen einer Art von „Dekonstruktivismus" in der Kultur wahr, bei dem die menschliche Freiheit vorgibt, alles von Neuem aufzubauen. Aufrecht bleibt nur das Bedürfnis, grenzenlos zu konsumieren, und das Hervorkehren vieler Formen eines inhaltslosen Individualismus. In diesem Zusammenhang ist ein Rat angebracht, den ich einmal Jugendlichen gegeben habe: »Wenn jemand euch ein Angebot macht und euch sagt, ihr braucht die Geschichte nicht zu beachten, den Erfahrungsschatz der Alten nicht zu beherzigen und ihr könnt all das missachten, was Vergangenheit ist, und sollt nur auf die Zukunft schauen, die er euch bietet, wäre dies nicht eine einfache Art, euch mit seinem Angebot anzuziehen, um euch nur das tun zu lassen, was er euch sagt? Dieser Jemand benötigt euch leer, entwurzelt, gegenüber allem misstrauisch, damit ihr nur seinen Versprechen vertraut und euch seinen Plänen unterwerft. So funktionieren die Ideologien verschiedener Couleur, die all das zerstö-

ren – oder abbauen –, was anders ist; auf diese Weise können sie ohne Widerstände herrschen. Zu diesem Zweck brauchen sie junge Menschen, die die Geschichte verachten, die den geistlichen und menschlichen Reichtum ablehnen, der über die Generationen weitergegeben wurde, und die all das nicht kennen, was ihnen vorausgegangen ist«.[10]

14.   Das sind die neuen Formen einer kulturellen Kolonisation. Wir wollen nicht vergessen, dass »die Völker, die ihre eigene Tradition veräußern und aus einem Nachahmungswahn, einer aufgezwungenen Gewalt, einer unverzeihlichen Nachlässigkeit oder einer Apathie dulden, dass ihnen die Seele entrissen wird, neben ihrer geistlichen Physiognomie auch ihre moralische Festigkeit und schließlich ihre weltanschauliche, wirtschaftliche und politische Unabhängigkeit verlieren«.[11] Eine wirksame Weise, das geschichtliche Bewusstsein, das kritische Denken, den Einsatz für die Gerechtigkeit und die Kurse zur Integration aufzulösen, sind die Sinnentleerung oder die Änderung großer Wörter. Was bedeuten heute einige dieser Begriffe wie Demokratie, Freiheit, Gerechtigkeit, Einheit? Sie sind manipuliert und verzerrt worden, um sie als Herrschaftsinstrumente zu benutzen, als sinnentleer-

---

[10] Nachsynodales Apostolisches Schreiben *Christus vivit* (25. März 2019), 181.
[11] KARDINAL RAÚL SILVA HENRÍQUEZ SDB, *Predigt zum Te Deum in Santiago de Chile* (18. September 1974).

te Aufschriften, die zur Rechtfertigung jedweden Tuns dienen können.

15.   Die beste Methode, zu herrschen und uneingeschränkt voranzuschreiten, besteht darin, Hoffnungslosigkeit auszusäen und ständiges Misstrauen zu wecken, selbst wenn sie sich mit der Verteidigung einiger Werte tarnt. Heute verwendet man in vielen Ländern den politischen Mechanismus des Aufstachelns, Verhärtens und Polarisierens. Auf verschiedene Art und Weise spricht man anderen das Recht auf Existenz und eigenes Denken ab. Zu diesem Zweck bedient man sich der Strategie des Lächerlich-Machens, des Schürens von Verdächtigungen ihnen gegenüber, des Einkreisens. Man nimmt ihre Sicht der Wahrheit und ihre Werte nicht an. Auf diese Weise verarmt die Gesellschaft und reduziert sich auf die Selbstherrlichkeit des Stärksten. Die Politik ist daher nicht mehr eine gesunde Diskussion über langfristige Vorhaben für die Entwicklung aller und zum Gemeinwohl, sondern bietet nur noch flüchtige Rezepte der Vermarktung, die in der Zerstörung des anderen ihr wirkungsvollstes Mittel finden. In diesem primitiven Spiel der Abqualifizierungen wird die Debatte manipuliert, um die Menschen ständig infrage zu stellen und auf Konfrontation mit ihnen zu gehen.

16.   Wie ist es bei einem solchen Zusammenstoß der Interessen, der alle gegen alle aufbringt

und wo siegen zu einem Synonym für zerstören wird, noch möglich, das Haupt zu erheben, um den Nachbarn wahrzunehmen oder jemandem beizustehen, der auf der Straße hingefallen ist? Ein Plan mit großen Zielen für die Entwicklung der Menschheit klingt heute wie eine Verrücktheit. Es vergrößern sich die Abstände zwischen uns, und der harte und schleppende Weg zu einer geeinten und gerechteren Welt erleidet einen neuen und drastischen Rückschlag.

17.   Sorge tragen für die Welt, die uns umgibt und uns erhält, bedeutet Sorge tragen für uns selbst. Wir müssen uns aber zusammenschließen in einem „Wir", welches das gemeinsame Haus bewohnt. Dieses Bemühen interessiert die wirtschaftlichen Mächte nicht, die schnelle Erträge brauchen. Oft werden die Stimmen, die sich zur Verteidigung der Umwelt erheben, zum Schweigen gebracht oder der Lächerlichkeit preisgegeben und andererseits Partikularinteressen mit dem Mantel der Vernünftigkeit umhüllt. In dieser Kultur, die wir gerade aufbauen – leer, auf das Unmittelbare gerichtet und ohne einen gemeinsamen Plan –, ist es »vorhersehbar, dass angesichts der Erschöpfung einiger Ressourcen eine Situation entsteht, die neue Kriege begünstigt, die als eine Geltendmachung edler Ansprüche getarnt werden«.[12]

---

[12] Enzyklika *Laudato si'* (24. Mai 2015), 57: *AAS* 107 (2015), 869.

18. Teile der Menschheit scheinen geopfert werden zu können zugunsten einer bevorzugten Bevölkerungsgruppe, die für würdig gehalten wird, ein Leben ohne Einschränkungen zu führen. Im Grunde werden die Menschen »nicht mehr als ein vorrangiger, zu respektierender und zu schützender Wert empfunden, besonders, wenn sie arm sind oder eine Behinderung haben, wenn sie – wie die Ungeborenen – „noch nicht nützlich sind" oder – wie die Alten – „nicht mehr nützlich sind". Wir sind unsensibel geworden gegenüber jeder Form von Verschwendung, angefangen bei jener der Nahrungsmittel, die zu den verwerflichsten gehört«.[13]

19. Der Geburtenrückgang, der zu einer Alterung der Bevölkerung führt, und die Tatsache, dass die älteren Menschen einer schmerzlichen Einsamkeit überlassen werden, bringen implizit zum Ausdruck, dass alles mit uns vorbei sein wird, wo nur unsere individuellen Interessen zählen. So »werden heute nicht nur Nahrung und überflüssige Güter zu Abfall, sondern oft werden sogar die Menschen „weggeworfen"«.[14] Wir ha-

---

[13] *Ansprache an die Mitglieder des beim Heiligen Stuhl akkreditierten Diplomatischen Korps* (11. Januar 2016): *AAS* 108 (2016), 120; *L'Osservatore Romano* (dt.), Jg. 46 (2016), Nr. 2 (15. Januar 2016), S.10.

[14] *Ansprache an die Mitglieder des beim Heiligen Stuhl akkreditierten Diplomatischen Korps* (13. Januar 2014): *AAS* 106 (2014), 83-84; *L'Osservatore Romano* (dt.), Jg. 44 (2014), Nr. 3 (17. Januar 2014), S.10.

ben gesehen, was mit den älteren Menschen an einigen Orten der Welt aufgrund des Corona-Virus geschehen ist. Sie sollten nicht auf diese Weise sterben. Tatsächlich aber war etwas Ähnliches schon bei mancher Hitzewelle und unter anderen Umständen vorgefallen: Sie wurden brutal weggeworfen. Es wird uns bewusst, dass eine Isolierung der älteren Menschen und ihre Übergabe in die Obhut anderer ohne eine angemessene und gefühlvolle familiäre Begleitung die Familie selbst verstümmelt und ärmer macht. Im Übrigen führt es dazu, dass den jungen Menschen der nötige Kontakt mit ihren Wurzeln und mit einer Weisheit, welche die Jugend von sich aus nicht erreichen kann, vorenthalten wird.

20. Diese Aussonderung zeigt sich auf vielfältige Weise, wie etwa in der Versessenheit, die Kosten der Arbeit zu reduzieren, ohne sich der schwerwiegenden Konsequenzen bewusst zu werden, die eine solche Maßnahme auslöst; denn die entstandene Arbeitslosigkeit führt direkt zu einer zunehmenden Verbreitung der Armut.[15] Die Aussonderung nimmt zudem abscheuliche Formen an, die wir als überwunden glaubten, wie etwa der Rassismus, der verborgen ist und immer wieder neu zum Vorschein kommt. Die verschiedenen Ausprägungen des Rassismus erfüllen uns erneut mit Scham, denn

---

[15] Vgl. *Ansprache für die Teilnehmer an der Studientagung der Stiftung „Centesimus Annus pro Pontifice"* (25. Mai 2013): *L'Osservatore Romano* (dt.), Jg. 43 (2013), Nr. 23 (7. Juni 2013), S. 9.

sie zeigen, dass die vermeintlichen Fortschritte der Gesellschaft nicht so real und ein für alle Mal abgesichert sind.

21. Es gibt wirtschaftliche Regeln, die sich als wirksam für das Wachstum, aber nicht gleicherweise für die Gesamtentwicklung des Menschen erweisen.[16] Der Reichtum wächst, aber auf ungleiche Weise, und so »entstehen neue Formen der Armut«.[17] Wenn man sagt, dass die moderne Welt die Armut verringert habe, so misst man hier mit Maßstäben anderer Epochen, die nicht mit der aktuellen Wirklichkeit vergleichbar sind. In anderen Zeiten wurde zum Beispiel die Tatsache, dass man keinen Zugang zur elektrischen Energie hatte, nicht als Zeichen der Armut betrachtet und gab keinen Anlass zu Sorge. Man untersucht und man versteht die Armut immer nur im Zusammenhang mit den wirklichen Gegebenheiten eines bestimmten historischen Moments.

Menschenrechte, die nicht universal genug sind

22. Oft stellt man fest, dass tatsächlich die Menschenrechte nicht für alle gleich gelten. Die Achtung dieser Rechte »ist ja die Vorbedingung für die soziale und wirtschaftliche Entwicklung

---

[16] Vgl. PAUL VI., Enzyklika *Populorum progressio* (26. März 1967), 14: *AAS* 59 (1967), 264.
[17] BENEDIKT XVI., Enzyklika *Caritas in veritate* (29. Juni 2009), 22: *AAS* 101 (2009), 657.

eines Landes. Wenn die Würde des Menschen geachtet wird und seine Rechte anerkannt und gewährleistet werden, erblühen auch Kreativität und Unternehmungsgeist, und die menschliche Persönlichkeit kann ihre vielfältigen Initiativen zugunsten des Gemeinwohls entfalten«.[18] Doch »wenn man unsere gegenwärtigen Gesellschaften aufmerksam beobachtet, entdeckt man in der Tat zahlreiche Widersprüche, aufgrund derer wir uns fragen, ob die Gleichheit an Würde aller Menschen, die vor nunmehr 70 Jahren feierlich verkündet wurde, wirklich unter allen Umständen anerkannt, geachtet, geschützt und gefördert wird. Es gibt heute in der Welt weiterhin zahlreiche Formen der Ungerechtigkeit, genährt von verkürzten anthropologischen Sichtweisen sowie von einem Wirtschaftsmodell, das auf dem Profit gründet und nicht davor zurückscheut, den Menschen auszubeuten, wegzuwerfen und sogar zu töten. Während ein Teil der Menschheit im Überfluss lebt, sieht der andere Teil die eigene Würde aberkannt, verachtet, mit Füßen getreten und seine Grundrechte ignoriert oder verletzt«.[19] Was sagt das über die Gleich-

---

[18] *Ansprache bei der Begegnung mit Vertretern des öffentlichen Lebens und des Diplomatischen Korps*, Tirana, Albanien (21. September 2014): *L'Osservatore Romano* (dt.), Jg. 44 (2014), Nr. 39 (26. September 2014), S. 7.
[19] *Botschaft an die Teilnehmer der internationalen Konferenz zum Thema „Die Menschenrechte in der heutigen Welt: Errungenschaften, Versäumnisse, Verleugnungen"* (10. Dezember 2018): *L'Osservatore Romano* (dt.), Jg. 48 (2018), Nr. 51/52 (21. Dezember 2018), S. 8/9.

heit der Rechte aus, die in derselben Menschenwürde begründet liegen?

23. Entsprechend sind die Gesellschaften auf
der ganzen Erde noch lange nicht so organisiert,
dass sie klar widerspiegeln, dass die Frauen genau
die gleiche Würde und die gleichen Rechte haben
wie die Männer. Mit Worten behauptet man bestimmte Dinge, aber die Entscheidungen und die
Wirklichkeit schreien eine andere Botschaft heraus. In der Tat, »doppelt arm sind die Frauen, die
Situationen der Ausschließung, der Misshandlung
und der Gewalt erleiden, denn oft haben sie gerin-
gere Möglichkeiten, ihre Rechte zu verteidigen«.[20]

24. Seien wir uns ebenso folgender Tatsache
bewusst: »Obwohl die internationale Gesellschaft
zahlreiche Abkommen getroffen hat mit dem Ziel,
der Sklaverei in all ihren Formen ein Ende zu setzen, und verschiedene Strategien eingeleitet hat,
um dieses Phänomen zu bekämpfen, […] werden
noch heute Millionen Menschen – Kinder, Männer
und Frauen jeden Alters – ihrer Freiheit beraubt
und gezwungen, unter Bedingungen zu leben, die
denen der Sklaverei vergleichbar sind. […] Heute
wie gestern liegt an der Wurzel der Sklaverei ein
Verständnis vom Menschen, das die Möglichkeit
zulässt, ihn wie einen Gegenstand zu behandeln.
[…] Der Mensch, der als Abbild Gottes und ihm
ähnlich erschaffen ist, wird mit Gewalt, mit List

---

[20] Apostolisches Schreiben *Evangelii gaudium* (24. November 2013), 212: *AAS* 105 (2013), 1108.

oder durch physischen bzw. psychologischen Zwang seiner Freiheit beraubt, kommerzialisiert und zum Eigentum eines anderen herabgemindert; er wird als Mittel und nicht als Zweck behandelt«. Die kriminellen Netze »bedienen sich geschickt der modernen Informationstechnologien, um junge und sehr junge Menschen aus aller Welt anzulocken«.[21] Die Verirrung kennt keine Grenzen, wenn man Frauen versklavt, die dann zur Abtreibung gezwungen werden. Es kommt sogar zu abscheulichen Taten wie der Entführung von Menschen, um ihre Organe zu verkaufen. All das macht den Menschenhandel und andere aktuelle Formen der Sklaverei zu einem weltweiten Problem, das von der gesamten Menschheit ernstgenommen werden muss, denn »wie die kriminellen Organisationen sich globaler Netze bedienen, um ihre Ziele zu erreichen, so erfordert die Aktion zur Überwindung dieses Phänomens außerdem eine gemeinsame und ebenso globale Anstrengung seitens der verschiedenen Akteure, welche die Gesellschaft bilden«.[22]

Konflikt und Angst

25. Kriege, Attentate, Verfolgungen aus rassistischen oder religiösen Motiven und so viele Gewalttaten gegen die Menschenwürde werden auf

[21] *Botschaft zum 48. Weltfriedenstag am 1. Januar 2015* (8. Dezember 2014), 3-4: *AAS* 107 (2015), 69-71; *L'Osservatore Romano* (dt.), Jg. 44 (2014), Nr. 51/52 (19. Dezember 2014), S. 4.
[22] *Ebd.*, 5.

verschiedene Weise geahndet, je nachdem, ob sie für bestimmte, im Wesentlichen wirtschaftliche Interessen mehr oder weniger günstig sind. Etwas ist wahr, solange es einem Mächtigen genehm ist, und ist es dann nicht mehr, wenn es seinen Nutzen für ihn verliert. Solche Gewaltsituationen haben »sich in zahlreichen Regionen der Welt so vervielfältigt, dass sie die Züge dessen angenommen haben, was man einen „dritten Weltkrieg in Abschnitten" nennen könnte«.[23]

26. Das verwundert nicht, wenn wir das Fehlen von Horizonten feststellen, die uns zur Einheit zusammenführen, weil in jedem Krieg letztlich »das Projekt der Brüderlichkeit selbst [...], das der Berufung der Menschheitsfamilie eingeschrieben ist«, zerstört wird, denn »jede Bedrohung nährt das Misstrauen und fördert den Rückzug auf die eigene Position«.[24] So schreitet unsere Welt in einer sinnlosen Dichotomie fort, mit dem Anspruch, »Stabilität und Frieden auf der Basis einer falschen, von einer Logik der Angst und des Misstrauens gestützten Sicherheit verteidigen und sichern zu wollen«.[25]

[23] *Botschaft zum 49. Weltfriedenstag am 1. Januar 2016* (8. Dezember 2015), 2: *AAS* 108 (2016), 49; *L'Osservatore Romano* (dt.), Jg. 45 (2015), Nr. 52/53 (25. Dezember 2016), S. 7.
[24] *Botschaft zum 53. Weltfriedenstag am 1. Januar 2020* (8. Dezember 2019), 1: *L'Osservatore Romano* (dt.), Jg. 49 (2019), Nr. 51/52 (20. Dezember 2019), S. 8.
[25] *Ansprache über Atomwaffen*, Nagasaki, Japan (24. November 2019): *L'Osservatore Romano* (dt.), Jg. 49 (2019), Nr. 48/49 (29. November 2019), S. 14.

27. Paradoxerweise gibt es angestammte Ängste, die nicht vom technologischen Fortschritt überwunden worden sind. Sie haben sich vielmehr zu verbergen gewusst und vermochten sich hinter neuen Technologien zu potenzieren. Auch heute gibt es hinter den Mauern der alten Stadt den Abgrund, das Land des Unbekannten, die Wüste. Was von dort kommt, ist nicht vertrauenswürdig, weil man es nicht kennt, man nicht vertraut mit ihm ist, weil es nicht zum Dorf gehört. Es ist das Gebiet des „Barbarischen", vor dem man sich verteidigen muss, koste es was es wolle. Folglich werden neue Schranken zum Selbstschutz aufgerichtet, sodass nicht mehr die eine Welt existiert, sondern nur noch die „meine", bis zu dem Punkt, dass viele nicht mehr als Menschen mit einer unveräußerlichen Würde angesehen werden, sondern einfach zu „denen da" werden. Von Neuem erscheint »die Versuchung, eine Kultur der Mauern zu errichten, Mauern hochzuziehen, Mauern im Herzen, Mauern auf der Erde, um diese Begegnung mit anderen Kulturen, mit anderen Menschen zu verhindern. Und wer eine Mauer errichtet, wer eine Mauer baut, wird am Ende zum Sklaven innerhalb der Mauern, die er errichtet hat, ohne Horizonte. Weil ihm dieses Anderssein fehlt«.[26]

[26] *Ansprache an Dozenten und Studenten des Mailänder Kollegs „San Carlo"* (6. April 2019): *L'Osservatore Romano* (dt.), Jg. 49 (2019), Nr. 16 (19. April 2019), S. 9.

28. Die Einsamkeit, die Angst und die Unsicherheit vieler Menschen, die sich vom System im Stich gelassen fühlen, lassen einen fruchtbaren Boden für die Mafia entstehen. Diese kann sich durchsetzen, weil sie sich als „Beschützerin" der Vergessenen ausgibt, oft mittels verschiedener Arten von Hilfe, während sie ihre eigenen kriminellen Interessen verfolgt. Es gibt eine typisch mafiöse Pädagogik, die in einem falschen Gemeinschaftsgeist Bindungen der Abhängigkeit und der Unterordnung schafft, von denen man sich nur sehr schwer befreien kann.

GLOBALISIERUNG UND FORTSCHRITT OHNE GEMEIN-SAMEN KURS

29. Mit dem Großimam Ahmad Al-Tayyeb verkennen wir nicht die positiven Fortschritte in der Wissenschaft, der Technologie, der Medizin, der Industrie und in der Wohlfahrt, besonders in den entwickelten Ländern. Nichtsdestoweniger »betonen wir, dass mit diesen großen und geschätzten historischen Fortschritten auch ein Verfall der Ethik im internationalen Handeln sowie eine Schwächung der geistlichen Werte und des Verantwortungsbewusstseins einhergehen. All dies trägt dazu bei, dass sich ein allgemeines Gefühl von Frustration, Einsamkeit und Verzweiflung ausbreitet. [...] In Spannungsherden werden Waffen und Munition angehäuft, und dies geschieht in einer global von Unsicherheit, Enttäuschung, Zukunftsangst und von kurzsichtigen wirtschaftlichen Interessen geprägten Weltlage. Wir bekräf-

tigen weiter, dass die heftigen politischen Krisen, die Ungerechtigkeit und das Fehlen einer gerechten Verteilung der natürlichen Ressourcen […] weitere Opfer hervorrufen und tödliche Krisen verursachen, denen mehrere Länder ausgesetzt sind, obwohl sie auf natürlichen Reichtum und die Ressourcen der jungen Generationen zählen können. Das internationale Schweigen angesichts dieser Krisen, die dazu führen, dass Millionen von Kindern aufgrund von Armut und Unterernährung bis auf die Knochen abmagern und an Hunger sterben, ist inakzeptabel«.[27] Vor diesem Panorama finden wir, auch wenn uns der Fortschritt auf vielen Gebieten fasziniert, keinen wirklich menschlichen Kurs.

30.   In der gegenwärtigen Welt nimmt das Zugehörigkeitsgefühl zu der einen Menschheit ab, während der Traum, gemeinsam Gerechtigkeit und Frieden aufzubauen, wie eine Utopie anderer Zeiten erscheint. Wir erleben, wie eine bequeme, kalte und weit verbreitete Gleichgültigkeit vorherrscht, Tochter einer tiefen Ernüchterung, die sich hinter einer trügerischen Illusion verbirgt, nämlich zu glauben, dass wir allmächtig sind, und zu vergessen, dass wir alle im gleichen Boot sitzen. Diese Enttäuschung, welche die großen geschwisterlichen Tugenden hinter sich lässt, führt

---

[27] *Dokument über die Brüderlichkeit aller Menschen für ein friedliches Zusammenleben in der Welt*, Abu Dhabi, Vereinigte Arabische Emirate (4. Februar 2019): *L'Osservatore Romano* (dt.), Jg. 49 (2019), Nr. 7 (15. Februar 2019), S. 8.

»zu einer Art Zynismus. Das ist die Versuchung, der wir ausgesetzt sind, wenn wir diesen Weg der Ernüchterung oder Enttäuschung einschlagen. [...] Die Isolierung und das Verschlossensein in sich selbst oder die eigenen Interessen sind nie der Weg, um wieder Hoffnung zu geben und Erneuerung zu bewirken, wohl aber die Nähe, die Kultur der Begegnung. Isolierung: nein; Nähe: ja. Kultur der Konfrontation: nein; Kultur der Begegnung: ja«.[28]

31.   In dieser Welt, die keinen gemeinsamen Kurs erkennen lässt, atmet man eine Luft, in der »die Distanz zwischen der Obsession für das eigene Wohlergehen und dem geteilten Glück der Menschheit zuzunehmen scheint, so sehr, dass man vermuten könnte, dass mittlerweile ein richtiggehendes „Schisma" zwischen dem Einzelnen und der menschlichen Gemeinschaft im Gange ist. [...] Denn es ist eine Sache, sich zum Zusammenleben gezwungen zu fühlen, und eine andere Sache, den Reichtum und die Schönheit der Samen des gemeinsamen Lebens wertzuschätzen, die gemeinsam gesucht und gepflegt werden müssen«.[29] Die Technologie macht ständige Fortschritte, doch »wie schön wäre es, wenn die

---

[28] *Ansprache an die Vertreter der Welt der Kultur*, Cagliari, Italien (22 September 2013): *L'Osservatore Romano* (dt.), Jg. 43 (2013), Nr. 40 (4. Oktober 2013), S. 9.
[29] *Humana communitas*. Schreiben an den Präsidenten der Päpstlichen Akademie für das Leben zum 25. Jahrestag seiner Gründung (6. Januar 2019), 2.6: *L'Osservatore Romano* (dt.), Jg. 49 (2019), Nr. 4, S. 10.

26

Zunahme der Innovationen in Wissenschaft und Technik auch mit einer immer größeren Gleichheit und sozialen Inklusion einhergehen würde! Wie schön wäre es, wenn wir, so wie wir die Entdeckung neuer entfernter Planeten gemacht haben, die Bedürfnisse unseres Bruders und unserer Schwester wiederentdecken würden, die um uns kreisen«.[30]

DIE PANDEMIEN UND ANDERE GEISSELN DER GESCHICHTE

32. Eine globale Tragödie wie die Covid-19-Pandemie hat für eine gewisse Zeit wirklich das Bewusstsein geweckt, eine weltweite Gemeinschaft in einem Boot zu sein, wo das Übel eines Insassen allen zum Schaden gereicht. Wir haben uns daran erinnert, dass keiner sich allein retten kann, dass man nur Hilfe erfährt, wo andere zugegen sind. Daher sagte ich: »Der Sturm legt unsere Verwundbarkeit bloß und deckt jene falschen und unnötigen Gewissheiten auf, auf die wir bei unseren Plänen, Projekten, Gewohnheiten und Prioritäten gebaut haben. […] Mit dem Sturm sind auch die stereotypen Masken gefallen, mit denen wir unser „Ego" in ständiger Sorge um unser eigenes Image verkleidet haben; und es wurde wieder einmal jene segensreiche gemeinsame Zugehörigkeit offenbar, der wir uns

---

[30] *Videobotschaft an die TED-Konferenz 2017 in Vancouver*, Kanada (26. April 2017): *L'Osservatore Romano* (it.), Jg. 157 (2017), Nr. 101 (27. April 2017), S. 7.

nicht entziehen können, dass wir nämlich alle Brüder und Schwestern sind«.[31]

33.   Die Welt bewegte sich unerbittlich auf eine Wirtschaft zu, welche mit Hilfe des technologischen Fortschritts die „menschlichen Kosten" zu verringern suchte, und mancher maßte sich an, uns glauben zu machen, die Freiheit des Marktes würde ausreichen, um alles zu gewährleisten. Doch der harte und unerwartete Schlag dieser außer Kontrolle geratenen Pandemie hat uns notgedrungen dazu gezwungen, wieder an die Menschen, an alle zu denken anstatt an den Nutzen einiger. Heute sehen wir ein, dass »wir uns mit Träumen von Pracht und Größe ernährt und letztlich doch nur Ablenkung, Verschlossenheit und Einsamkeit gegessen haben; wir haben uns mit *Connections* vollgestopft und darüber den Geschmack an der Geschwisterlichkeit verloren. Wir haben schnelle und sichere Ergebnisse gesucht und fühlen uns beklommen vor Ungeduld und Unruhe. Als Gefangene der Virtualität ist uns der Geschmack und das Aroma der Realität abhandengekommen«.[32] Der Schmerz, die Unsicherheit, die Furcht und das Bewusstsein der eigenen Grenzen, welche die Pandemie hervorgerufen haben, appellieren an uns, unsere

[31] *Besondere Andacht in der Zeit der Epidemie* (27. März 2020): *L'Osservatore Romano* (dt.), Jg. 50 (2020), Nr. 14/15 (3. April 2020), S. 6.
[32] *Homilie in der heiligen Messe*, Skopje, Nord-Mazedonien (7. Mai 2019): *L'Osservatore Romano* (dt.), Jg. 49 (2019), Nr. 19 (10. Mai 2019), S. 1.

Lebensstile, unsere Beziehungen, die Organisation unserer Gesellschaft und vor allem den Sinn unserer Existenz zu überdenken.

34. Wenn alles miteinander verbunden ist, fällt es uns schwer zu glauben, dass diese weltweite Katastrophe nicht in Beziehung dazu steht, wie wir der Wirklichkeit gegenübertreten, wenn wir uns anmaßen, die absoluten Herren des eigenen Lebens und von allem, was existiert, zu sein. Ich möchte hiermit nicht sagen, dass es sich um eine Art göttlicher Strafe handelt. Ebenso wenig kann man behaupten, dass der Schaden an der Natur am Ende die Rechnung für unsere Übergriffe fordert. Es ist die Wirklichkeit selbst, die seufzt und sich auflehnt. Es kommen uns da die berühmten Verse von Vergil in Erinnerung, wo die Tränen der Dinge oder der Geschichte heraufbeschworen werden.[33]

35. Wir vergessen aber schnell die Lektionen der Geschichte, der »Lehrerin des Lebens«.[34] Ist die Gesundheitskrise einmal überstanden, wäre es die schlimmste Reaktion, noch mehr in einen fieberhaften Konsumismus und in neue Formen der egoistischen Selbsterhaltung zu verfallen. Gott gebe es, dass es am Ende nicht mehr „die Anderen", sondern nur ein „Wir" gibt. Dass es

---

[33] Vgl. *Aeneis* I, 462: »Sunt lacrimae rerum et mentem mortalia tangunt«.

[34] »Historia [...] magistra vitae« (MARCUS TULLIUS CICERO, *De oratore*, II, 36).

nicht das x-te schwerwiegende Ereignis der Geschichte gewesen ist, aus dem wir nicht zu lernen vermocht haben. Dass wir nicht die älteren Menschen vergessen, die gestorben sind, weil es keine Beatmungsgeräte gab, teilweise als Folge der von Jahr zu Jahr abgebauten Gesundheitssysteme. Dass ein so großer Schmerz nicht umsonst war, dass wir einen Sprung hin zu einer neuen Lebensweise machen und wir ein für alle Mal entdecken, dass wir einander brauchen und in gegenseitiger Schuld stehen. So wird die Menschheit mit all ihren Gesichtern, all ihren Händen und all ihren Stimmen wiedererstehen, über die von uns geschaffenen Grenzen hinaus.

36.   Wenn es uns nicht gelingt, diese gemeinsame Leidenschaft für eine zusammenstehende und solidarische Gemeinschaft wiederzuerlangen, der man Zeit, Einsatz und Güter widmet, wird die weltweite Illusion, die uns täuscht, verheerend zusammenbrechen und viele dem Überdruss und der Leere überlassen. Im Übrigen sollte man nicht naiv übersehen, dass »die Versessenheit auf einen konsumorientierten Lebensstil – vor allem, wenn nur einige wenige ihn pflegen können – nur Gewalt und gegenseitige Zerstörung auslösen kann«.[35] Das „Rette sich wer kann" wird schnell zu einem „Alle gegen alle", und das wird schlimmer als eine Pandemie sein.

[35] Enzyklika *Laudato si'* (24. Mai 2015), 204: *AAS* 107 (2015), 928.

37. Sowohl in einigen populistischen politischen Regimen als auch in liberalen wirtschaftlichen Kreisen vertritt man die Ansicht, dass man die Ankunft von Migranten um jeden Preis vermeiden müsse. Gleichzeitig wird argumentiert, dass man die Hilfen für arme Länder beschränken soll, damit diese den Tiefstand erreichen und sich entschließen, Maßnahmen für effektive Einsparungen zu ergreifen. Man merkt aber nicht, dass solchen abstrakten, schwer aufrechtzuerhaltenden Behauptungen so viele zerstörte Existenzen gegenüberstehen. Viele flüchten vor Krieg, vor Verfolgungen und Naturkatastrophen. Andere sind mit vollem Recht auf der Suche »nach Chancen für sich und ihre Familien. Sie träumen von einer besseren Zukunft und wollen die Voraussetzungen dafür schaffen, damit diese wahr wird«.[36]

38. Leider werden manche »von der Kultur des Westens angezogen und brechen mit teils unrealistischen Erwartungen auf, die schwer enttäuscht werden können. Skrupellose Menschenhändler, die oft mit Drogen- und Waffenkartellen in Verbindung stehen, nutzen die Schwäche von Migranten aus, die auf ihrem Weg immer wieder mit Gewalt, Menschenhandel, psychischem und physischem Missbrauch und unsagbarem Leid

---

[36] Nachsynodales Apostolisches Schreiben *Christus vivit* (25. März 2019), 91.

konfrontiert werden«.[37] Diejenigen, die emigrieren, »erleben die Trennung von ihrem ursprünglichen Umfeld und oft auch eine kulturelle und religiöse Entwurzelung. Der Bruch betrifft auch die Gemeinschaften am Herkunftsort, die ihre stärksten Mitglieder mit der größten Eigeninitiative verlieren, sowie die Familien, insbesondere wenn ein oder beide Elternteile emigrieren und ihre Kinder in ihrem Herkunftsland zurücklassen«.[38] Folglich muss auch »das Recht nicht auszuwandern – das heißt, in der Lage zu sein, im eigenen Land zu bleiben – bekräftigt werden«.[39]

39. Obendrein »lösen in einigen Ankunftsländern Migrationsphänomene Alarm und Ängste aus, die oft für politische Zwecke angeheizt und missbraucht werden. Auf diese Weise verbreitet sich eine fremdenfeindliche Mentalität, man verschließt sich und zieht sich in sich selbst zurück«.[40] Die Migranten werden als nicht würdig genug angesehen, um wie jeder andere am sozialen Leben teilzunehmen, und man vergisst, dass sie die gleiche innewohnende Würde besitzen wie alle Menschen. Daher müssen sie ihre eigene Rettung selbst

---

[37] *Ebd.*, 92.

[38] *Ebd.*, 93.

[39] BENEDIKT XVI., *Botschaft zum 99. Welttag für den Migranten und Flüchtling 2013* (16. Oktober 2012): *AAS* 104 (2012), 908; *L'Osservatore Romano* (dt.), Jg. 42 (2012), Nr. 45 (9. November 2012), S. 9.

[40] Nachsynodales Apostolisches Schreiben *Christus vivit* (25. März 2019), 92.

in die Hand nehmen.[41] Niemand wird behaupten, dass sie keine Menschen sind, in der Praxis jedoch bringt man mit den Entscheidungen und der Art und Weise, wie man sie behandelt, zum Ausdruck, dass man ihnen weniger Wert beimisst, sie für weniger wichtig und weniger menschlich hält. Es ist nicht hinnehmbar, dass Christen diese Mentalität und diese Haltungen teilen, indem sie zuweilen bestimmte politische Präferenzen über fundamentalste Glaubensüberzeugungen stellen. Die unveräußerliche Würde jedes Menschen unabhängig von Herkunft, Hautfarbe oder Religion ist das höchste Gesetz der geschwisterlichen Liebe.

40. »Die Migrationen werden ein grundlegendes Element der Zukunft der Welt darstellen«.[42] Heute werden sie jedoch »mit dem Verlust jenes Sinns für brüderliche Verantwortung, auf dem sich jede Zivilgesellschaft gründet«,[43] konfrontiert. Europa beispielsweise läuft ernsthaft Gefahr, diesen Weg zu beschreiten. Immerhin besitzt es, »unterstützt durch sein großes kulturelles und religiöses Erbe, die Mittel [...], um die Zentralität der Person zu

---

[41] Vgl. *Botschaft zum 106. Welttag für den Migranten und Flüchtling 2020* (13. Mai 2020): L'Osservatore Romano (dt.), Jg. 50 (2020), Nr. 22/23 (29. Mai 2020), S. 7.
[42] *Ansprache an die Mitglieder des beim Heiligen Stuhl akkreditierten Diplomatischen Korps* (11. Januar 2016): *AAS* 108 (2016), 124; L'Osservatore Romano (dt.), Jg. 46 (2016), Nr. 2 (15. Januar 2016), S. 11.
[43] *Ansprache an die Mitglieder des beim Heiligen Stuhl akkreditierten Diplomatischen Korps* (13. Januar 2014): *AAS* 106 (2014), 84; L'Osservatore Romano (dt.), Jg. 44 (2014), Nr. 3 (17. Januar 2014), S. 10.

verteidigen und um das rechte Gleichgewicht zu finden in seiner zweifachen moralischen Pflicht, einerseits die Rechte der eigenen Bürger zu schützen und andererseits die Betreuung und die Aufnahme der Migranten zu garantieren«.[44]

41. Ich kann nachvollziehen, dass manche gegenüber den Migranten Zweifel hegen oder Furcht verspüren. Ich verstehe das als Teil des natürlichen Instinkts der Selbstverteidigung. Es ist jedoch auch wahr, dass eine Person und ein Volk nur dann fruchtbar sind, wenn sie es verstehen, die Öffnung gegenüber den anderen in sich selbst schöpferisch zu integrieren. Ich lade dazu ein, über diese primären Reaktionen hinauszugehen, denn »das Problem ist, dass diese unsere Denk- und Handlungsweise so weit konditionieren, dass sie uns intolerant, verschlossen und vielleicht sogar – ohne dass wir es merken – rassistisch machen. Und so beraubt uns die Angst des Wunsches und der Fähigkeit, dem anderen [...] zu begegnen«.[45]

DIE TÄUSCHUNG DER KOMMUNIKATION

42. Während verschlossene und intolerante Haltungen, die uns von den anderen abschotten,

---

[44] *Ansprache an die Mitglieder des beim Heiligen Stuhl akkreditierten Diplomatischen Korps* (11. Januar 2016): *AAS* 108 (2016), 123; *L'Osservatore Romano* (dt.), Jg. 46 (2016), Nr. 2 (15. Januar 2016), S. 11.
[45] *Botschaft zum 105. Welttag für den Migranten und Flüchtling 2019* (27. Mai 2019): *L'Osservatore Romano* (dt.), Jg. 49 (2019), Nr. 26 (28. Juni 2019), S. 10.

zunehmen, verringert sich oder verschwindet paradoxerweise die Distanz bis hin zur Aufgabe des Rechts auf Privatsphäre. Alles wird zu einer Art Schauspiel, das belauscht und überwacht werden kann. Das Leben wird einer ständigen Kontrolle ausgesetzt. In der digitalen Kommunikation will man alles zeigen, und jeder Einzelne wird zum Objekt von oftmals verborgenem Interesse, das ihn bespitzelt, entblößt und in die Öffentlichkeit zerrt. Die Achtung vor dem anderen bröckelt, und auf diese Weise – gerade wenn ich ihn verdränge, ihn nicht beachte und auf Distanz halte – kann ich ohne irgendeine Scham bis zum Äußersten in sein Leben eindringen.

43.   Auf der anderen Seite bilden die zerstörerischen Hassgruppen im Netz – wie manche uns glauben machen möchten – nicht eine geeignete Plattform gegenseitiger Hilfe, sondern sind reine Vereinigungen gegen einen Feind. Ja, »durch digitale Medien besteht die Gefahr, dass Nutzer abhängig werden, sich isolieren und immer stärker den Kontakt zur konkreten Wirklichkeit verlieren, wodurch die Entwicklung echter zwischenmenschlicher Beziehungen behindert wird«.[46] Es bedarf der körperlichen Gesten, des Mienenspiels, der Momente des Schweigens, der Körpersprache und sogar des Geruchs, der zitternden Hände, des Errötens und des Schwitzens, denn all dies redet und gehört zur menschlichen

---

[46] Nachsynodales Apostolisches Schreiben *Christus vivit* (25. März 2019), 88.

35

Kommunikation. Die digitalen Beziehungen, die von der Mühe entbinden, eine Freundschaft, eine stabile Gegenseitigkeit und auch ein mit der Zeit reifendes Einvernehmen zu pflegen, geben sich nur den Anschein einer Geselligkeit. Sie bilden nicht wirklich ein „Wir", sondern verbergen und verstärken gewöhnlich jenen Individualismus, der sich in der Fremdenfeindlichkeit und in der Geringschätzung der Schwachen ausdrückt. Die digitale Vernetzung genügt nicht, um Brücken zu bauen; sie ist nicht in der Lage, die Menschheit zu vereinen.

Aggressivität ohne Scham

44. Während die Menschen in ihren behaglichen Konsumgewohnheiten verharren, gehen sie gleichzeitig ständig vereinnahmende Bindungen ein. Dies fördert das Aufwallen ungewöhnlicher Formen von Aggressivität, von Beschimpfungen, Misshandlungen, Beleidigungen, verbalen Ohrfeigen bis hin zur Ruinierung der Person des anderen. Dies geschieht mit einer Hemmungslosigkeit, die bei einem Zusammentreffen von Angesicht zu Angesicht nicht in der gleichen Weise vorkommt, weil wir uns sonst am Ende gegenseitig zerfleischen würden. Die soziale Aggressivität findet auf Mobilgeräten und Computern einen Raum von noch nie dagewesener Verbreitung.

45. So wurde es möglich, dass die Ideologien jede Scham fallenließen. Was bis vor wenigen Jahren von niemandem gesagt werden konnte,

ohne dass man seinen Ruf vor der ganzen Welt gefährdet hätte, das kann heute in aller Grobheit auch von Politikern geäußert werden, ohne dafür belangt zu werden. Man darf nicht übersehen, »dass in der digitalen Welt gigantische wirtschaftliche Interessen am Werke sind, die ebenso subtil wie invasiv Kontrolle ausüben und Mechanismen schaffen, mit denen das Gewissen und demokratische Prozesse manipuliert werden. Viele Plattformen funktionieren so, dass sich im Endeffekt häufig nur Gleichgesinnte begegnen und eine Auseinandersetzung mit Andersartigem erschwert wird. Diese geschlossenen Kreise erleichtern die Verbreitung von falschen Informationen und Nachrichten und schüren Vorurteile und Hass«.[47]

46. Wir müssen zugeben, dass von solchem Fanatismus, der zur Zerstörung anderer führen kann, auch religiöse Menschen – Christen nicht ausgeschlossen – befallen sind, die »über das Internet und die verschiedenen Foren und Räume des digitalen Austausches Teil von Netzwerken verbaler Gewalt werden [können]. Sogar in katholischen Medien können die Grenzen überschritten werden; oft bürgern sich Verleumdung und üble Nachrede ein, und jegliche Ethik und jeglicher Respekt vor dem Ansehen anderer scheinen außen vor zu bleiben«.[48] Was aber

---

[47] *Ebd.*, 89.
[48] Apostolisches Schreiben *Gaudete et exsultate* (19. März 2018), 115.

tragen sie so zu der Geschwisterlichkeit bei, die unser gemeinsamer Vater uns vor Augen stellt?

Information ohne Weisheit

47.   Die wahre Weisheit beinhaltet die Begegnung mit der Wirklichkeit. Heute jedoch kann man alles herstellen, verbergen und verändern. Das führt dazu, dass man die direkte Begegnung mit den Grenzen der Wirklichkeit nicht erträgt. Folglich führt man einen „Auswahl"-Mechanismus durch und macht es sich zur Gewohnheit, das, was einem gefällt, sofort von dem, was einem nicht gefällt, das Attraktive vom Unliebsamen, zu trennen. Nach der gleichen Logik wählt man die Menschen aus, mit denen man die Welt teilen will. So werden Menschen oder Situationen, die unsere Empfindsamkeit verletzt haben oder uns unangenehm waren, heute einfach in den virtuellen Netzen eliminiert. Auf diese Weise bilden wir einen virtuellen Kreis, der uns von der Umgebung, in der wir leben, isoliert.

48.   Sich hinsetzen, um einem anderen zuzuhören, ist charakteristisch für eine menschliche Begegnung und stellt ein Paradigma einer aufnahmebereiten Haltung dar. Damit überwindet ein Mensch den Narzissmus; er heißt den anderen willkommen, schenkt ihm Aufmerksamkeit und nimmt ihn in der eigenen Gruppe auf. Dennoch »ist die Welt von heute mehrheitlich eine taube Welt [...]. Manchmal hindert uns die Geschwindigkeit der modernen Welt, die Hektik, daran,

einem anderen Menschen gut zuzuhören. Wenn
er in der Mitte seiner Wortmeldung ist, unterbrechen wir ihn schon und wollen ihm antworten,
obwohl er noch nicht zu Ende gesprochen hat.
Man darf die Fähigkeit zuzuhören nicht verlieren. [Der heilige Franziskus] hat der Stimme
Gottes zugehört, er hat der Stimme des Armen
zugehört, er hat der Stimme des Kranken zugehört, er hat die Stimme der Natur vernommen.
All das verwandelt er in einen Lebensstil. Ich
hoffe, dass der Samen des heiligen Franziskus in
allen Herzen heranwachse«.[49]

49.   Wenn es kein Schweigen und Zuhören
mehr gibt und alles in ein schnelles und ungeduldiges Tippen und Senden von Botschaften
verwandelt wird, setzt man diese Grundstruktur
einer weisen menschlichen Kommunikation aufs
Spiel. Man schafft einen neuen Lebensstil, bei
dem man das herstellt, was man vor sich haben
will. Dabei schließt man alles aus, was man nicht
flüchtig und augenblicklich kontrollieren oder
erkennen kann. Diese Dynamik verhindert aufgrund ihrer inneren Logik ein ruhiges Nachdenken, das uns zu einer menschlich vermittelbaren
Weisheit führen könnte.

50.   Wir können gemeinsam die Wahrheit im
Dialog suchen, im ruhigen Gespräch oder in der
leidenschaftlichen Diskussion. Das ist ein Weg,

---

[49] Aus dem Film *Papst Franziskus – Ein Mann seines Wortes.
Die Welt braucht Hoffnung* von Wim Wenders (2018).

der Ausdauer braucht und auch vom Schweigen und Leiden geprägt ist. Er ist in der Lage, geduldig die umfangreiche Erfahrung der Menschen und Völker zusammenzubringen. Die erdrückende Fülle von Information, die uns überschwemmt, bedeutet nicht mehr Weisheit. Weisheit entsteht nicht durch ungeduldiges Nachforschen im Internet und auch nicht durch eine Ansammlung von Information, deren Wahrheitsgehalt nicht erwiesen ist. Auf diese Weise reift man nicht in der Begegnung mit der Wahrheit. Die Gespräche kreisen am Ende nur um die neuesten Daten und sind schlicht ein oberflächlicher Wortschwall. Man schenkt aber dem Eigentlichen des Lebens keine eingehende Aufmerksamkeit und dringt nicht zu ihm vor, man erkennt nicht, was das Wesentliche ist, um der Existenz Sinn zu verleihen. So wird die Freiheit eine Illusion, die uns verkauft wird und die mit der Freiheit, vor einem Bildschirm zu surfen, verwechselt wird. Das Problem besteht darin, dass ein Weg der Geschwisterlichkeit, im Kleinen wie im Großen, nur von freien Geistern beschritten werden kann, die zu wirklichen Begegnungen bereit sind.

UNTERWERFUNG UND SELBSTVERACHTUNG

51. Einige in wirtschaftlicher Hinsicht erfolgreiche Länder werden als kulturelle Vorbilder für die weniger entwickelten Länder hingestellt, anstatt zu versuchen, dass jedes Land in dem ihm eigenen Stil wachse und seine Fähigkeiten zu einer Erneuerung nach den eigenen kulturellen

Werten entwickle. Diese oberflächliche und betrübliche Vorstellung führt dazu, eher zu kopieren und zu kaufen, als vielmehr selbst schöpferisch tätig zu sein, und gibt Anlass für ein sehr niedriges nationales Selbstwertgefühl. In den wohlhabenderen Schichten vieler armer Länder und manchmal bei denen, die es geschafft haben, aus der Armut herauszukommen, stellt man eine Unfähigkeit fest, ihre eigene Situation und deren Entwicklung zu akzeptieren. So verfallen sie einer Verachtung der eigenen kulturellen Identität, als ob sie die Ursache aller Übel sei.

52.   Das Selbstwertgefühl einer Person zu zerstören ist ein einfacher Weg, um sie zu beherrschen. Hinter diesen Tendenzen, die auf eine Homogenisierung der Welt abzielen, treten Machtinteressen hervor, die von der geringen Selbstachtung profitieren, während gleichzeitig über Medien und Netzwerke versucht wird, eine neue Kultur im Dienst der Mächtigeren zu schaffen. Dies wird von einer skrupellosen Finanzspekulation und Ausbeutung ausgenutzt, wo die Armen immer die Verlierer sind. Andererseits bedeutet das Ignorieren der Kultur eines Volkes, dass viele politische Verantwortungsträger nicht mehr in der Lage sind, ein leistungsfähiges Projekt durchzuführen, das frei übernommen und über die Zeit hinweg aufrechterhalten werden kann.

53.   Man vergisst, dass »es keine schlimmere Entfremdung gibt als erfahren zu müssen, keine

Wurzeln zu haben und zu niemanden zu gehören. Ein Land wird nur in dem Maß fruchtbar sein, ein Volk wird nur in dem Maß Früchte tragen und Zukunft schaffen können, wie es Beziehungen der Zusammengehörigkeit unter seinen Mitgliedern hervorbringt und Bindungen zur Integration unter den Generationen und seinen verschiedenen Gemeinschaften schafft; und wie es die Spiralen durchbricht, welche die Sinne trüben und so uns immer mehr voneinander entfernen«.[50]

HOFFNUNG

54. Trotz dieser dunklen Schatten, die nicht ignoriert werden dürfen, möchte ich auf den folgenden Seiten den vielen Wegen der Hoffnung eine Stimme geben. Gott fährt nämlich fort, unter die Menschheit Samen des Guten zu säen. Die jüngste Pandemie hat uns erlaubt, viele Weggefährten und -gefährtinnen wiederzufinden und wertzuschätzen, die in Situationen der Angst mit der Hingabe ihres Lebens reagiert haben. Wir können erkennen, dass unsere Leben miteinander verwoben sind und wir durch einfache Menschen Hilfestellung erfahren haben, die aber zweifellos eine bedeutende Seite unserer Geschichte geschrieben haben: Ärzte, Kranken-

---

[50] *Ansprache bei der Begegnung mit Vertretern der Regierung, der Zivilgesellschaft und dem Diplomatischen Korps*, Tallinn, Estland (25. September 2018): *L'Osservatore Romano* (it.), Jg. 158 (2018), Nr. 231 (27. September 2018), S. 7.

schwestern und Pfleger, Supermarktangestellte, Reinigungspersonal, Betreuungskräfte, Transporteure, Ordnungskräfte, ehrenamtliche Helfer, Priester, Ordensleute und viele, ja viele andere, die verstanden haben, dass niemand sich allein rettet.[51]

55. Ich lade zur Hoffnung ein. »Sie spricht uns von einem Durst, einem Streben, einer Sehnsucht nach Fülle, nach gelungenem Leben; davon, nach Großem greifen zu wollen, nach dem, was das Herz weitet und den Geist zu erhabenen Dingen wie Wahrheit, Güte und Schönheit, Gerechtigkeit und Liebe erhebt. […] Die Hoffnung ist kühn. Sie weiß über die persönliche Bequemlichkeit, über die kleinen Sicherheiten und Kompensationen, die den Horizont verengen, hinauszuschauen, um sich großen Idealen zu öffnen, die das Leben schöner und würdiger machen«.[52] Schreiten wir voller Hoffnung voran!

---

[51] Vgl. *Besondere Andacht in der Zeit der Epidemie* (27. März 2020): *L'Osservatore Romano* (dt.), Jg. 50 (2020), Nr. 14/15 (3. April 2020), S. 6; *Botschaft zum 4. Welttag der Armen 2020* (13. Juni 2020), 6: *L'Osservatore Romano* (dt.), Jg. 50 (2020), Nr. 26/27 (26. Juni 2020), S. 8.
[52] *Grußwort an die Jugendlichen des Kulturzentrums „Padre Félix Varela"*, Havanna, Kuba (20. September 2015): *L'Osservatore Romano* (it.), Jg. 155 (2015), Nr. 233 (21./22. September 2015), S. 6.

ZWEITES KAPITEL

EIN FREMDER AUF DEM WEG

56. Alles, was ich im vorigen Kapitel angesprochen habe, ist mehr als eine abgehobene Beschreibung der Wirklichkeit, denn »Freude und Hoffnung, Trauer und Angst der Menschen von heute, besonders der Armen und Bedrängten aller Art, sind auch Freude und Hoffnung, Trauer und Angst der Jünger Christi. Und es gibt nichts wahrhaft Menschliches, das nicht in ihren Herzen seinen Widerhall fände«.[53] In der Absicht, ein Licht inmitten der Geschehnisse, die wir gerade durchleben, zu finden, möchte ich, bevor ich einige Handlungsleitlinien entwerfe, einer zweitausend Jahre alten Erzählung Jesu ein Kapitel widmen. Auch wenn sich dieses Schreiben an alle Menschen guten Willens, jenseits ihrer religiösen Überzeugungen, richtet, so äußert sich das Gleichnis doch in einer Weise, dass jeder von uns sich von ihm ansprechen lassen kann.

»In jener Zeit stand ein Gesetzeslehrer auf, um Jesus auf die Probe zu stellen, und fragte ihn: „Meister, was muss ich tun, um das ewige Leben zu erben?" Jesus sagte zu

---

[53] ZWEITES VATIKANISCHES ÖKUMENISCHES KONZIL, Pastoralkonstitution *Gaudium et spes* über die Kirche in der Welt von heute, 1.

ihm: „Was steht im Gesetz geschrieben? Was liest du?" Er antwortete: „Du sollst den Herrn, deinen Gott, lieben mit deinem ganzen Herzen und deiner ganzen Seele, mit deiner ganzen Kraft und deinem ganzen Denken, und deinen Nächsten wie dich selbst." Jesus sagte zu ihm: „Du hast richtig geantwortet. Handle danach und du wirst leben!" Der Gesetzeslehrer wollte sich rechtfertigen und sagte zu Jesus: „Und wer ist mein Nächster?" Darauf antwortete ihm Jesus: „Ein Mann ging von Jerusalem nach Jericho hinab und wurde von Räubern überfallen. Sie plünderten ihn aus und schlugen ihn nieder; dann gingen sie weg und ließen ihn halbtot liegen. Zufällig kam ein Priester denselben Weg herab; er sah ihn und ging vorüber. Ebenso kam auch ein Levit zu der Stelle; er sah ihn und ging vorüber. Ein Samariter aber, der auf der Reise war, kam zu ihm; er sah ihn und hatte Mitleid, ging zu ihm hin, goss Öl und Wein auf seine Wunden und verband sie. Dann hob er ihn auf sein eigenes Reittier, brachte ihn zu einer Herberge und sorgte für ihn. Und am nächsten Tag holte er zwei Denare hervor, gab sie dem Wirt und sagte: Sorge für ihn, und wenn du mehr für ihn brauchst, werde ich es dir bezahlen, wenn ich wiederkomme. Wer von diesen dreien meinst du, ist dem der Nächste geworden, der von den Räubern überfallen wurde?" Der Gesetzeslehrer antwortete: „Der barmherzig an ihm gehandelt hat." Da sagte Jesus zu ihm: „Dann geh und handle du genauso!"« (Lk 10,25-37).

DER HINTERGRUND

57. Dieses Gleichnis hat einen uralten Hintergrund. Kurz nach der Erzählung von der Erschaffung der Welt und des Menschen zeigt die Bibel die Herausforderung unserer zwischenmenschlichen

Beziehungen. Kain beseitigt seinen Bruder Abel, und da ertönt die Frage Gottes: »Wo ist Abel, dein Bruder?« (*Gen* 4,9). Die Antwort ist die gleiche, wie wir sie oft geben: »Bin ich der Hüter meines Bruders?« (*ebd.*). Mit seiner Nachfrage stellt Gott jede Art von Determinismus oder Fatalismus infrage, die versuchen, die Gleichgültigkeit als einzig mögliche Antwort zu rechtfertigen. Der Herr befähigt uns stattdessen, eine andere Kultur zu schaffen, die uns dahin ausrichtet, die Feindschaften zu überwinden und füreinander zu sorgen.

58.   Das Buch Ijob nimmt die Tatsache, dass wir einen gemeinsamen Schöpfer haben, als Grundlage für einige allgemeine Rechte: »Hat nicht er, der mich im Mutterleib gemacht hat, ihn gemacht, hat nicht Einer uns im Mutterschoß geformt?« (31,15). Viele Jahrhunderte später drückte der heilige Irenäus dies mit dem Bild der Melodie aus: »Wer die Wahrheit liebt, darf sich durch die Unterschiedlichkeit der einzelnen Töne nicht verleiten lassen und mehrere Künstler und Schöpfer annehmen, wobei der eine die hohen Töne, ein anderer die tiefen und noch ein anderer die mittleren beigetragen hätte, sondern es war ein und derselbe, zur Demonstration des ganzen Werks und der Weisheit, der Gerechtigkeit, Güte und Gnade«.[54]

---

[54] IRENÄUS VON LYON, *Adversus Haereses* II, 25, 2: *PG* 7/1, 798-s; *Fontes Christiani* (hrsg. von Norbert Brox et al.) Band 8/2, Herder, Freiburg i. Br. 1993, S. 211.

59. In der jüdischen Tradition scheint sich der Imperativ, den anderen zu lieben und sich um ihn zu kümmern, auf die Beziehungen zwischen den Gliedern ein und desselben Volkes zu beschränken. Das alte Gebot »Du sollst deinen Nächsten lieben wie dich selbst« (*Lev* 19,18) verstand man für gewöhnlich auf die Landsleute bezogen. Doch besonders im Judentum, das sich außerhalb des Landes Israel entwickelte, begannen sich die Grenzen zu weiten. Es wurde deutlich, dass man dem anderen nicht etwas zufügen darf, von dem man nicht will, dass es einem selbst angetan wird (vgl. *Tob* 4,15). Der Weise Hillel (1. Jh. v. Chr.) sagte in diesem Zusammenhang: »Darin besteht das Gesetz und die Propheten, alles andere ist nur die Erläuterung«.[55] Der Wunsch, die göttliche Haltung nachzuahmen, führte zur Überwindung der Tendenz, sich nur auf die Nächsten zu beschränken: »Das Erbarmen eines Menschen gilt seinem Nächsten, das Erbarmen des Herrn aber gilt allen Lebewesen« (*Sir* 18,13).

60. Im Neuen Testament findet das Gebot des Hillel einen positiven Ausdruck: »Alles, was ihr wollt, dass euch die Menschen tun, das tut auch ihnen! Darin besteht das Gesetz und die Propheten« (*Mt* 7,12). Dieser Aufruf ist universal, er strebt danach, alle zu umfassen, allein wegen ihres Menschseins; denn der Allmächtige, der himmlische Vater »lässt seine Sonne aufgehen

---

[55] *Talmud Bavli* (Babylonischer Talmud), *Schabbat* 31a.

über Bösen und Guten« (*Mt* 5,45). Und folglich wird verlangt: »Seid barmherzig, wie auch euer Vater barmherzig ist!« (*Lk* 6,36).

61. Die Motivation, das Herz so weit zu machen, dass es den Fremden nicht ausschließt, ist schon in den ältesten Texten der Bibel zu finden. Sie lässt sich auf die beständige Erinnerung des jüdischen Volkes zurückführen, dass es als Fremder in Ägypten gelebt hat:

»Einen Fremden sollst du nicht ausnützen oder ausbeuten, denn ihr selbst seid im Land Ägypten Fremde gewesen« (*Ex* 22,20).

»Einen Fremden sollst du nicht ausbeuten. Ihr wisst doch, wie es einem Fremden zumute ist; denn ihr selbst seid im Land Ägypten Fremde gewesen« (*Ex* 23,9).

»Wenn bei dir ein Fremder in eurem Land lebt, sollt ihr ihn nicht unterdrücken. Der Fremde, der sich bei euch aufhält, soll euch wie ein Einheimischer gelten und du sollst ihn lieben wie dich selbst; denn ihr seid selbst Fremde in Ägypten gewesen« (*Lev* 19,33-34).

»Wenn du in deinem Weinberg die Trauben geerntet hast, sollst du keine Nachlese halten. Sie soll den Fremden, Waisen und Witwen gehören. Denk daran: Du bist in Ägypten Sklave gewesen« (*Dtn* 24,21-22).

Im Neuen Testament ertönt nachdrücklich der Aufruf zur brüderlichen bzw. geschwisterlichen Liebe:

»Denn das ganze Gesetz ist in dem einen Wort erfüllt: Du sollst deinen Nächsten lieben wie dich selbst!« (*Gal* 5,14).

»Wer seinen Bruder liebt, bleibt im Licht und in ihm gibt es keinen Anstoß. Wer aber seinen Bruder hasst, ist in der Finsternis« (*1 Joh* 2,10-11).

»Wir wissen, dass wir aus dem Tod in das Leben hinübergegangen sind, weil wir die Brüder lieben. Wer nicht liebt, bleibt im Tod« (*1 Joh* 3,14).

»Wer seinen Bruder nicht liebt, den er sieht, kann Gott nicht lieben, den er nicht sieht« (*1 Joh* 4,20).

62. Auch diese Einladung zur Liebe konnte falsch verstanden werden. Nicht von ungefähr ermahnte der heilige Paulus seine Jünger, angesichts der Versuchung der ersten Gemeinden, geschlossene und isolierte Gruppen zu bilden, Liebe zueinander »und zu allen« (*1 Thess* 3,12) zu üben; und in der Gemeinde des Johannes forderte man, die Brüder gut aufzunehmen, »sogar [die] Fremden« (*3 Joh* 5). Dieser Zusammenhang hilft, den Wert des Gleichnisses Jesu vom barmherzigen Samariter zu verstehen: Für die Liebe ist es unerheblich, ob der verletzte Bruder von hier oder von dort kommt. Denn es ist »die Liebe, die die Ketten sprengt, die uns isolieren und trennen, indem sie Brücken schlägt; Liebe, die es uns möglich macht, eine große Familie zu bilden, in der wir uns alle zu Hause fühlen [...]; Liebe, die nach Mitgefühl und Würde schmeckt«.[56]

---

[56] *Ansprache an die Menschen, die in karitativen Einrichtungen der Kirche betreut werden*, Tallinn, Estland (25. September 2018): *L'Osservatore Romano* (dt.), Jg. 48 (2018), Nr. 41 (12. Oktober 2018), S. 11.

63. Jesus erzählt, wie ein verwundeter Mann am Wegesrand auf dem Boden lag, weil er überfallen worden war. Mehrere Menschen gingen an ihm vorbei und blieben nicht stehen. Es waren Menschen mit wichtigen Stellungen in der Gesellschaft, die aber die Liebe für das Gemeinwohl nicht im Herzen trugen. Sie waren nicht in der Lage, einige Minuten zu erübrigen, um dem Verletzten zu helfen oder zumindest Hilfe zu suchen. Einer blieb stehen, schenkte ihm seine Nähe, pflegte ihn mit eigenen Händen, zahlte aus eigener Tasche und kümmerte sich um ihn. Vor allem hat er ihm etwas gegeben, mit dem wir in diesen hektischen Zeiten sehr knausern: Er hat ihm seine Zeit geschenkt. Sicherlich hatte er sein Programm für jenen Tag, entsprechend seiner Bedürfnisse, seiner Aufgaben oder seiner Wünsche. Aber er ist fähig gewesen, angesichts dieses Verletzten alles beiseite zu legen, und ohne ihn zu kennen, hat er ihn für würdig befunden, ihm seine Zeit zu schenken.

64. Mit wem identifizierst du dich? Diese Frage ist hart, direkt und entscheidend. Welchem von ihnen ähnelst du? Wir müssen die uns umgebende Versuchung erkennen, die anderen nicht zu beachten, besonders die Schwächsten. Sagen wir es so, in vieler Hinsicht haben wir Fortschritte gemacht, doch wir sind Analphabeten, wenn es darum geht, die Gebrechlichsten und Schwächsten unserer entwickelten Gesellschaften zu be-

gleiten, zu pflegen und zu unterstützen. Wir haben uns angewöhnt wegzuschauen, vorbeizugehen, die Situationen zu ignorieren, solange uns diese nicht direkt betreffen.

65.   Eine Person wird auf der Straße überfallen, und viele laufen weg, als hätten sie nichts gesehen. Oft gibt es Menschen, die jemanden mit dem Auto anfahren und fliehen. Es ist ihnen nur daran gelegen, Probleme zu vermeiden; es interessiert sie nicht, ob durch ihre Schuld ein Mensch stirbt. Dies aber sind Zeichen eines verbreiteten Lebensstils, der sich auf verschiedene, vielleicht auch subtilere Weisen zeigt. Da wir alle zudem sehr auf unsere eigenen Bedürfnisse bezogen sind, ist es uns lästig, jemanden leiden zu sehen; es stört uns, weil wir keine Zeit wegen der Probleme anderer verlieren wollen. Dies sind Symptome einer kranken Gesellschaft, die versucht, in ihrem Leben dem Schmerz den Rücken zuzukehren.

66.   Besser ist es, nicht in dieses Elend zu verfallen. Betrachten wir das Modell des barmherzigen Samariters. Dieser Text lädt uns ein, unsere Berufung als Bürger unseres Landes und der ganzen Welt, als Erbauer einer neuen sozialen Verbundenheit wieder aufleben zu lassen. Es ist ein immer neuer Ruf, obwohl er als grundlegendes Gesetz in unser Sein eingeschrieben ist: dass die Gesellschaft sich aufmacht, das Gemeinwohl zu erstreben, und von dieser Zielsetzung her ihre politische und soziale Ordnung, ihr Beziehungs-

netz und ihren Plan für den Menschen immer wieder neu gestaltet. Mit seinen Gesten hat der barmherzige Samariter gezeigt, dass »die Existenz eines jeden von uns an die der anderen gebunden ist: das Leben ist keine verstreichende Zeit, sondern Zeit der Begegnung«.[57]

67.   Dieses Gleichnis ist ein aufschlussreiches Bild, das fähig ist, die grundlegende Option hervorzuheben, die wir wählen müssen, um diese Welt, an der wir leiden, zu erneuern. Angesichts so großen Leids und so vieler Wunden besteht der einzige Ausweg darin, so zu werden wie der barmherzige Samariter. Jede andere Entscheidung führt auf die Seite der Räuber oder derer, die vorbeigehen, ohne Mitleid zu haben mit den Schmerzen des Menschen, der verletzt auf der Straße liegt. Das Gleichnis zeigt uns, mit welchen Initiativen man eine Gemeinschaft erneuern kann, ausgehend von Männern und Frauen, die sich der Zerbrechlichkeit der anderen annehmen. Sie lassen nicht zu, dass eine von Exklusion geprägte Gesellschaft errichtet wird, sondern kommen dem gefallenen Menschen nahe, richten ihn auf und helfen ihm zu laufen, damit das Gute allen zukommt. Zugleich weist uns das Gleichnis auf bestimmte Verhaltensweisen von Menschen hin, die nur auf sich selbst schauen und

[57] *Videobotschaft an die TED-Konferenz 2017 in Vancouver*, Kanada (26. April 2017): *L'Osservatore Romano* (it.), Jg. 157 (2017), Nr. 101 (27. April 2017), S. 7.

sich nicht um die unabdingbaren Erfordernisse der menschlichen Realität kümmern.

68.   Die Erzählung – sagen wir es deutlich – liefert keine Lehre abstrakter Ideale und beschränkt sich auch nicht auf die Funktionalität einer sozialethischen Moral. Sie zeigt uns eine oft vergessene wesentliche Charakteristik des menschlichen Seins: Wir sind für die Fülle geschaffen, die man nur in der Liebe erlangt. Es ist keine mögliche Option, gleichgültig gegenüber dem Schmerz zu leben; wir können nicht zulassen, dass jemand „am Rand des Lebens" bleibt. Es muss uns so empören, dass wir unsere Ruhe verlieren und von dem menschlichen Leiden aufgewühlt werden. Das ist Würde.

Eine Geschichte, die sich wiederholt

69.   Diese Geschichte ist einfach und linear, enthält jedoch die ganze Dynamik des inneren Kampfes, die mit der Entfaltung unserer Identität einhergeht, in jeder Existenz auf dem Weg zur Verwirklichung menschlicher Geschwisterlichkeit. Einmal auf dem Weg, treffen wir unvermeidlich auf verletzte Menschen. Heute gibt es immer mehr verletzte Menschen. Die Inklusion oder die Exklusion des am Wegesrand leidenden Menschen bestimmt alle wirtschaftlichen, politischen, sozialen oder religiösen Vorhaben. Jeden Tag stehen wir vor der Wahl, barmherzige Samariter zu sein oder gleichgültige Passanten, die distanziert vorbeigehen. Und wenn wir den Blick

auf die Gesamtheit unserer Geschichte und auf die ganze Welt ausweiten, sind wir oder waren wir wie diese Gestalten: wir alle haben etwas vom verletzten Menschen, etwas von den Räubern, etwas von denen, die vorbeigehen, und etwas vom barmherzigen Samariter.

70. Es ist interessant, wie die Unterschiede zwischen den Gestalten der Erzählung vollständig verwandelt werden angesichts des qualvollen Ausdrucks des gefallenen und gedemütigten Menschen. Es gibt keine Unterscheidung mehr zwischen dem Bewohner von Judäa und dem von Samaria, es gibt weder Priester noch Händler; es gibt einfach zwei Arten von Menschen: jene, die sich des Leidenden annehmen, und jene, die um ihn einen weiten Bogen herum machen; jene, die sich herunterbücken, wenn sie den gefallenen Menschen bemerken, und jene, die den Blick abwenden und den Schritt beschleunigen. In der Tat fallen unsere vielfältigen Masken, unsere Etikette, unsere Verkleidungen: Es ist die Stunde der Wahrheit. Bücken wir uns, um die Wunden der anderen zu berühren und zu heilen? Bücken wir uns, um uns gegenseitig auf den Schultern zu tragen? Dies ist die aktuelle Herausforderung, vor der wir uns nicht fürchten dürfen. In den Augenblicken der Krise stehen wir sozusagen vor einer bedrängenden Alternative: Wer in diesem Moment kein Räuber ist bzw. distanziert vorbeigeht, ist entweder verletzt oder trägt auf seinen Schultern einen Verletzten.

71. Die Geschichte des barmherzigen Samariters wiederholt sich: Es wird immer deutlicher, dass die soziale und politische Unbekümmertheit viele Orte der Welt zu trostlosen Straßen macht, wo innere und internationale Auseinandersetzungen sowie Gelegenheitsplünderungen viele Ausgestoßene am Straßenrand liegen lassen. In seinem Gleichnis stellt Jesus keine Alternativwege vor, wie zum Beispiel: Was wäre aus diesem schwerverletzten Menschen oder seinem Helfer geworden, wenn Zorn oder Rachegelüste in ihren Herzen Raum gefunden hätten? Jesus vertraut auf die bessere Seite des menschlichen Geistes und ermutigt ihn mit dem Gleichnis, sich an die Liebe zu halten, den Leidenden wieder einzugliedern und eine Gesellschaft aufzubauen, die dieses Namens würdig ist.

Die Personen

72. Das Gleichnis beginnt mit den Räubern. Der Ausgangspunkt, den Jesus wählt, ist ein schon geschehener Überfall. Er lässt uns nicht lange über das Vergangene klagen; er lenkt unseren Blick nicht auf die Räuber. Wir kennen sie. Wir haben in der Welt die dunklen Schatten der Verwahrlosung, der Gewaltanwendung aufgrund von schäbigen Machtinteressen, von Gier und Konflikten anwachsen gesehen. Die Frage könnte lauten: Lassen wir den Verletzten liegen, um uns in Sicherheit zu bringen oder um die Räuber zu verfolgen? Können wir angesichts des Verletzten unsere unversöhnlichen Spaltungen, un-

sere grausame Gleichgültigkeit, unsere internen Auseinandersetzungen noch rechtfertigen?

73.   Weiter lässt uns das Gleichnis eindeutig einen Blick auf die richten, die vorbeigehen. Diese gefährliche Gleichgültigkeit, nicht anzuhalten – mehr oder weniger unschuldig –, ist die Frucht der Geringschätzung oder einer betrüblichen Zerstreutheit, und macht aus dem Priester und dem Leviten nicht weniger traurige Spiegelbilder jener Absonderung von der Wirklichkeit. Es gibt viele Weisen des Vorbeigehens, die einander ergänzen. Eine besteht darin, sich auf sich selbst zurückzuziehen, sich nicht für die anderen zu interessieren, gleichgültig zu sein. Eine andere Weise wäre, nur woandershin zu schauen. Was diese letzte Weise des Vorbeigehens betrifft, gibt es in einigen Ländern oder in bestimmten Bereichen davon eine Geringschätzung der Armen und ihrer Kultur. Man schaut auf andere Länder, als ob ein von dort importiertes Projekt ihre Stelle einnehmen sollte. Dies kann die Gleichgültigkeit einiger erklären, denn jene, die ihr Herz mit ihren Bitten anrühren könnten, existieren für sie einfach nicht. Sie befinden sich außerhalb ihres Interessenhorizonts.

74.   Bei jenen, die vorbeigehen, gibt es eine Besonderheit, die wir nicht übersehen dürfen: Sie waren religiöse Menschen. Mehr noch, sie widmeten sich dem Gottesdienst: ein Priester und ein Levit. Das ist eine besondere Bemerkung wert: Es weist darauf hin, dass die Tatsache, an Gott zu

glauben und ihn anzubeten, keine Garantie dafür ist, dass man auch lebt, wie es Gott gefällt. Ein gläubiger Mensch mag nicht in allem treu sein, was der Glaube selbst erfordert, kann sich aber dennoch Gott nahe fühlen und sich für würdiger als die anderen halten. Es gibt hingegen Weisen, den Glauben so zu leben, dass er zu einer Öffnung des Herzens gegenüber den Mitmenschen führt, und dies ist Gewähr für eine echte Öffnung gegenüber Gott. Der heilige Johannes Chrysostomus hat diese Herausforderung für die Christen mit großer Klarheit zum Ausdruck gebracht: »Willst du den Leib Christi ehren? Dann übersieh nicht, dass dieser Leib nackt ist. Ehre den Herrn nicht im Haus der Kirche mit seidenen Gewändern, während du ihn draußen übersiehst, wo er unter Kälte und Blöße leidet«.[58] Paradoxerweise können diejenigen, die sich für ungläubig halten, den Willen Gottes manchmal besser erfüllen als die Glaubenden.

75.   Die „Straßenräuber" haben für gewöhnlich als geheime Verbündete jene, die „die Straße entlanggehen und auf die andere Seite schauen". Es schließt sich der Kreis zwischen jenen, welche die Gesellschaft ausnutzen und hintergehen, um sie auszuplündern, und jenen, die meinen, die Reinheit ihrer entscheidenden Funktion bewahren zu können, aber zugleich von diesem System und seinen Ressourcen leben. Es ist eine traurige Heuchelei, wenn die Straffreiheit von Verbrechen,

---

[58] *Homiliae in Matthaeum*, 50, 3. PG 58, 508.

die Nutzung von Institutionen zum persönlichen oder unternehmerischen Vorteil und andere Übel, die wir nicht ausrotten können, mit einer permanenten Disqualifizierung von allem, mit dem ständigen Säen von Misstrauen und Ratlosigkeit einhergehen. Der Täuschung des „Alles geht schief" entspricht ein „Keiner kann es richten" und ein „Was kann ich schon machen?" Auf diese Weise nährt man Desillusionierung und Hoffnungslosigkeit, und dies stärkt weder die Solidarität noch die Großzügigkeit. Wenn man ein Volk mutlos macht, dann schließt sich ein wahrer Teufelskreis: So funktioniert die unsichtbare Diktatur der eigentlichen verborgenen Interessen, welche die Ressourcen beherrschen wie auch die Meinungsbildung und das Denken bestimmen.

76.   Schauen wir zum Schluss auf den verletzten Menschen. Manchmal fühlen wir uns wie er, schwer verletzt und am Straßenrand auf der Erde liegend. Wir fühlen uns auch von unseren ohnmächtigen, schlecht ausgerüsteten Institutionen im Stich gelassen, die manchmal den Interessen einiger weniger von innen oder außen dienen. Denn »in der globalisierten Gesellschaft gibt es einen eleganten Stil, sich abzuwenden, der gegenwärtig praktiziert wird: Unter dem Deckmantel der politischen Korrektheit oder ideologischer Modeerscheinungen schaut man auf den Leidenden, ohne ihn zu berühren; er wird live im Fernsehen übertragen. Es wird sogar eine

scheinbar tolerante Sprache voller Euphemismen benutzt«.[59]

WIEDER NEU BEGINNEN

77. Jeder Tag bietet uns eine neue Gelegenheit, ist eine neue Etappe. Wir dürfen nicht alles von denen erwarten, die uns regieren; das wäre infantil. Wir haben Möglichkeiten der Mitverantwortung, die es uns erlauben, neue Prozesse und Veränderungen einzuleiten und zu bewirken. Wir müssen aktiv Anteil haben beim Wiederaufbau und bei der Unterstützung der verwundeten Gesellschaft. Heute haben wir die großartige Gelegenheit, unsere Geschwisterlichkeit zum Ausdruck zu bringen; zu zeigen, dass wir auch barmherzige Samariter sind, die den Schmerz des Versagens auf sich nehmen, anstatt Hass und Ressentiments zu verstärken. Wie der zufällig vorbeikommende Reisende unserer Geschichte müssen wir nur den uneigennützigen Wunsch haben, schlicht und einfach Volk zu sein und uns beständig und unermüdlich dafür einzusetzen, dass alle miteinbezogen und integriert werden und, wer gefallen ist, wieder aufgerichtet wird; auch wenn wir manchmal versagen und gezwungen sind, nach der Logik der Gewalttätigen zu handeln, die nur auf ihr eigenes Fortkommen

---

[59] *Botschaft aus Anlass des Treffens der Volksbewegungen*, Modesto, Vereinigte Staaten von Amerika (10. Februar 2017): *AAS* 109 (2017), 291; *L'Osservatore Romano* (dt.), Jg. 47 (2017), Nr. 9 (3. März 2017), S. 11.

bedacht sind sowie Verwirrung und Lügen verbreiten. Mögen andere weiter an die Politik oder an die Wirtschaft für ihre Machtspiele denken. Halten wir das am Leben, was gut ist, und stellen wir uns dem Guten zur Verfügung.

78.   Wir können von unten, bei einer Sache beginnen und für das kämpfen, was ganz konkret und naheliegend ist, und bis zum letzten Winkel des eigenen Landes und der ganzen Welt weitergehen – mit der gleichen Sorgfalt, mit der sich der Reisende von Samaria jeder einzelnen Wunde des verletzten Menschen annahm. Suchen wir die anderen, und nehmen wir die uns aufgetragene Wirklichkeit in die Hand, ohne Angst vor Schmerz oder Unvermögen, denn dort liegt all das Gute verborgen, das Gott in das Herz des Menschen gesät hat. Übergroß erscheinende Schwierigkeiten sind Gelegenheiten zum Wachstum, und nicht Entschuldigung für eine lähmende Traurigkeit, welche zum Aufgeben verlockt. Aber arbeiten wir nicht allein und individuell. Der Samariter suchte einen Gastgeber, der sich um jenen Menschen kümmern konnte; genauso sind auch wir gerufen, andere einzuladen und uns in einem „Wir“ zu begegnen, das stärker ist als die Summe der kleinen Einzelpersonen. Erinnern wir uns daran, dass »das Ganze mehr ist als die Teile und auch mehr ist als ihre einfache Summe«.[60] Verzichten wir auf Engstirnigkeit, auf

---

[60] Apostolisches Schreiben *Evangelii gaudium* (24. November 2013), 235: *AAS* 105 (2013), 1115.

den Unmut unfruchtbarer Parteilichkeit und auf endlose Konfrontationen. Hören wir auf, den Schmerz der Verluste zu verstecken und nehmen wir unsere Vergehen auf uns, unsere Feigheit und unsere Lügen. Die heilende Versöhnung lässt uns auferstehen und die Angst vor uns selbst und vor anderen vergessen.

79.   Der Samariter ging fort, ohne Anerkennung oder Dank zu erwarten. Seine dienende Hingabe brachte ihm großen Frieden mit Gott und sich selbst und war ihm deshalb eine innere Verpflichtung. Wir alle tragen eine Verantwortung gegenüber dem Verwundeten, das heißt gegenüber dem eigenen Volk und allen Völkern der Erde. Tragen wir Sorge für die Zerbrechlichkeit jedes Mannes, jeder Frau, jedes Kindes und jedes älteren Menschen mit dieser solidarischen und aufmerksamen Haltung der Nähe des barmherzigen Samariters.

DER NÄCHSTE OHNE GRENZEN

80.   Jesus wählte dieses Gleichnis als Antwort auf die Frage: Wer ist mein Nächster? Das Wort „Nächster" pflegte in der Gesellschaft zu Zeiten Jesu denjenigen zu bezeichnen, der einem sehr nahe, ja, am nächsten war. Man verstand darunter, dass die Hilfe sich vor allem an den richtete, der der eigenen Gruppe, der gleichen Ethnie angehörte. Ein Samariter war für einige Juden damals als ein verachtungswürdiger, unreiner Mensch anzusehen. Deshalb gehörte er nicht zu

den Nachbarn, denen man Hilfe gewähren muss-
te. Der Jude Jesus stellt diese Auffassung völlig
auf den Kopf: Er ruft uns nicht auf, danach zu
fragen, wer die sind, die uns nahe sind, sondern
uns selbst zu nähern, selbst zum Nächsten zu
werden.

81.   Es geht darum, der hilfsbedürftigen Person
beizustehen, ohne darauf zu schauen, ob sie zu
meinen Kreisen gehört. Im genannten Fall ist
es der Samariter, der dem verletzten Juden *der*
Nächste *geworden* ist. Um sich ihm zu nähern und
bei ihm zu sein, hat er alle kulturellen und ge-
schichtlichen Schranken überwunden. Die Fol-
gerung Jesu ist eine Aufforderung: »Dann geh
und handle du genauso!« (*Lk* 10,37). Das heißt,
er fordert uns auf, jeden Unterschied beiseite zu
lassen und jedem Menschen angesichts des Lei-
dens beizustehen. Ich sage also nicht mehr, dass
ich „Nächste" habe, denen ich helfen muss, sondern dass ich mich gerufen fühle, den anderen
ein Nächster zu werden.

82.   Das Problem ist, dass Jesus ausdrücklich
hervorhebt, dass es sich beim Verletzten um einen Juden – einen Bewohner von Judäa – handelte, während jener, der anhielt und ihm half,
ein Samariter – ein Bewohner von Samaria – war.
Dieses Detail besitzt eine enorme Bedeutung,
wenn man über eine Liebe nachdenkt, die sich
allen öffnet. Die Samariter wohnten in einem
Gebiet, wo auch heidnische Riten vorkamen.
Das machte sie für die Juden unrein, verabscheu-

ungswürdig, gefährlich. In der Tat bezeichnet ein antiker hebräischer Text, der verhasste Nationen erwähnt, Samaria sogar als »kein Volk« (*Sir* 50,25) und fügt hinzu: Es ist »das törichte Volk, das in Sichem wohnt« (V. 26).

83.   Das erklärt, warum eine Samariterin, als Jesus sie um etwas zu trinken bittet, so heftig antwortet: »Wie kannst du als Jude mich, eine Samariterin, um etwas zu trinken bitten?« (*Joh* 4,9). Für alle, die nach einem Vorwand suchten, um Jesus in Misskredit zu bringen, bot sich hier eine sehr gute Angriffsfläche, da sie ihn als »von einem Dämon besessen« und als »Samariter« (*Joh* 8,48) bezeichnen konnten. Deshalb ist diese barmherzige Begegnung zwischen einem Samariter und einem Juden eine starke Provokation, die jeder ideologischen Manipulation entgegentritt, damit wir unseren Kreis erweitern und unserer Liebesfähigkeit eine universale Dimension geben, die in der Lage ist, alle Vorurteile, historische und kulturelle Hindernisse sowie kleinliche Interessen zu überwinden.

Der Aufruf des Fremden

84.   Schließlich erinnere ich daran, dass Jesus in einem anderen Abschnitt des Evangeliums sagt: »Ich war fremd und ihr habt mich aufgenommen« (*Mt* 25,35). Jesus konnte diese Worte sagen, weil er ein offenes Herz hatte, das sich die Bedrängnisse der anderen zu eigen machte. Der heilige Paulus mahnte: »Freut euch mit

den Fröhlichen und weint mit den Weinenden!« (*Röm* 12,15). Wenn das Herz eine solche Haltung annimmt, ist es fähig, sich mit dem anderen zu identifizieren, ohne darauf zu achten, wo einer geboren ist oder wo er herkommt. Wenn einer in diese Dynamik eintritt, macht er letztendlich die Erfahrung, dass die anderen „von demselben Fleisch" (vgl. *Jes* 58,7) sind.

85.   Für die Christen haben die Worte Jesu noch eine andere, eine transzendente Dimension. Sie haben zur Folge, Christus selbst in jedem verlassenen und ausgeschlossenen Bruder und in jeder verstoßenen oder vereinsamten Schwester wiederzuerkennen (vgl. Mt 25,40.45). Tatsächlich bietet der Glaube wichtige Beweggründe für die Anerkennung des anderen; denn wer glaubt, kann erkennen, dass Gott jeden Menschen mit einer unendlichen Liebe liebt und dass er »ihm dadurch unendliche Würde verleiht«.[61] Dazu kommt, dass wir glauben, dass Christus sein Blut für alle und für jeden Einzelnen vergossen hat und für ihn keiner von seiner allumfassenden Liebe ausgeschlossen bleibt. Wenn wir zur letzten Quelle gehen, die das innerste Leben Gottes ist, begegnen wir einer Gemeinschaft von drei Personen, Ursprung und vollkommenes Modell jedes Lebens in Gemeinschaft. Die Theologie

---

[61] JOHANNES PAUL II., *Ansprache an Menschen mit Behinderungen*, Angelus in Osnabrück, Deutschland (16. November 1980): *L'Osservatore Romano* (dt.), Jg. 10 (1980), Nr. 47 (21. November 1980), S. 10.

wird weiterhin durch das fortwährende Nachdenken über diese große Wahrheit bereichert.

86. Manchmal betrübt mich die Tatsache, dass
die Kirche trotz solcher Motivationen so lange
gebraucht hat, bis sie mit Nachdruck die Sklaverei und verschiedene Formen der Gewalt verurteilte. Durch die Weiterentwicklung von Spiritualität und Theologie haben wir heute keine
Entschuldigung mehr. Trotzdem gibt es immer
noch jene, die meinen, ihr Glaube würde sie
ermutigen oder es ihnen zumindest erlauben,
verschiedene Formen von engstirnigen und gewalttätigen Nationalismen zu unterstützen, von
fremdenfeindlichen Einstellungen, von Verachtung und sogar Misshandlungen von Menschen,
die anders sind. Der Glaube muss zusammen
mit der ihm innewohnenden Menschlichkeit ein
kritisches Gespür gegenüber diesen Tendenzen
lebendig halten und dazu beitragen, schnell zu
reagieren, wenn sie sich einzunisten beginnen.
Daher ist es wichtig, dass die Katechese und die
Predigt auf direktere und klarere Weise die soziale Bedeutung der Existenz, die geschwisterliche
Dimension der Spiritualität, die Überzeugung
der unveräußerlichen Würde jedes Menschen
und die Beweggründe, um alle zu lieben und anzunehmen, einbezieht.

DRITTES KAPITEL

EINE OFFENE WELT DENKEN
UND SCHAFFEN

87.   Ein Mensch kann sich nur entwickeln, sich
verwirklichen und Erfüllung finden in »der aufrichtigen Hingabe seiner selbst«.[62] Nur in der Begegnung mit dem anderen vermag er seine eigene
Wahrheit vollständig zu erkennen: »Ich kommu-
niziere nicht wirklich mit mir selbst, wenn nicht
in dem Maße, wie ich mit dem anderen kommu-
niziere«.[63] Deshalb kann niemand ohne die Liebe zu konkreten Mitmenschen den Wert des Lebens erfahren. Hierin liegt ein Geheimnis echter
menschlicher Existenz, denn »das Leben existiert
dort, wo es Bande gibt, Gemeinschaft, Brüderlichkeit; und es ist ein Leben, das stärker ist als
der Tod, wenn es auf wahren Beziehungen und
Banden der Treue aufgebaut ist. Andererseits
gibt es da kein Leben, wo man den Anspruch
stellt, nur sich selbst zu gehören und als Inseln

---

[62] ZWEITES VATIKANISCHES ÖKUMENISCHES KONZIL, Pastoralkonstitution *Gaudium et spes* über die Kirche in der Welt von
heute, 24.
   [63] GABRIEL MARCEL, *Du refus à l'invocation*, NRF, Paris
1940, S. 50.

zu leben: in diesen Haltungen herrscht der Tod vor«.[64]

DARÜBER HINAUS

88. Vom Inneren eines jeden Herzens her schafft die Liebe Verbindungen und weitet die Existenz, wenn sie die Person aus sich selbst heraus und zum anderen hin führt.[65] Wir sind für die Liebe geschaffen, und in jedem von uns gibt es »das, was man das Gesetz der Ekstase nennen könnte [...]: Der Liebende tritt heraus aus seinem Selbst, um eine vollere Existenz in einem anderen zu finden«.[66] Deshalb »muss es der Mensch auf jeden Fall einmal selbst fertigbringen, von sich selbst abzuspringen«.[67]

89. Andererseits kann sich mein Leben nicht auf meine Beziehungen innerhalb einer kleinen Gruppe oder meiner Familie beschränken, denn ohne ein breiteres Beziehungsgeflecht ist es nicht möglich, sich selbst zu verstehen. Dabei geht es nicht nur um meine aktuellen Beziehungen, son-

---

[64] *Angelus* (10. November 2019): *L'Osservatore Romano* (dt.), Jg. 49 (2019), Nr. 46 (15. November 2019), S. 1.

[65] Vgl. THOMAS VON AQUIN, *Scriptum super Sententiis*, lib. 3, dist. 27, q.1, a.1, ad 4: »Dicitur amor extasim facere, et fervere, quia quod fervet extra se bullit, et exhalat« (Man sagt, dass die Liebe Ekstase und Lebhaftigkeit hervorruft, weil das Sprudelnde aus sich heraustritt und erlischt).

[66] KAROL WOJTYLA, *Liebe und Verantwortung. Eine ethische Studie*, Verlag Sankt Josef, Kleinhain 2010, S. 185.

[67] KARL RAHNER, *Kleines Kirchenjahr. Ein Gang durch den Festkreis*, Herder, Freiburg i. Br. 1981, S. 30.

dern auch um das soziale Gefüge, das schon vor mir da war und mich im Laufe meines Lebens geprägt hat. Eine Beziehung zu einer Person, die ich schätze, bedeutet nicht, dass diese Person nur aufgrund ihrer Beziehung zu mir lebt, und auch nicht, dass ich nur aufgrund meiner Beziehung zu dieser Person lebe. Gesunde und echte Beziehungen öffnen uns für andere, die uns wachsen lassen und bereichern. Leicht verschwindet heute die edelste soziale Gesinnung hinter einer egoistisch geprägten Vertrautheit, die nur den Anschein intensiver Beziehungen erweckt. Echte Liebe, die uns hilft zu wachsen, und die edelsten Formen der Freundschaft wohnen jedoch in Herzen, die sich vervollkommnen lassen. Partnerschaftliche oder freundschaftliche Beziehungen sind darauf ausgerichtet, das Herz für die Umgebung zu öffnen und uns zu befähigen, aus uns selbst herauszugehen, um alle anzunehmen. Exklusive Gruppen und selbstbezogene Paare, die sich als „Wir" in Abgrenzung vom Rest der Welt definieren, sind in der Regel veredelte Formen des Egoismus und reiner Abschottung.

90.   Es ist kein Zufall, dass viele kleine Bevölkerungsgruppen, die in Wüstengebieten überlebt haben, eine großzügige Willkommenskultur für durchreisende Fremde entwickelt haben, und damit ein beispielhaftes Zeichen für die heilige Pflicht der Gastfreundschaft setzen. Diese Praxis pflegten auch die mittelalterlichen Klostergemeinschaften, wie man an der Regel des

heiligen Benedikt ablesen kann. Obwohl das die Ordnung und das Schweigen in den Klöstern stören konnte, forderte Benedikt, dass die Armen und Fremden »mit Eifer und Sorge«[68] aufgenommen werden sollten. Gastfreundschaft ist ein konkreter Weg, auf diese Herausforderung und dieses Geschenk nicht zu verzichten, die eine Begegnung mit Menschen darstellt, die nicht dem eigenen Umfeld angehören. Diese gastfreundlichen Menschen erkannten, dass alle Werte, die sie pflegten, notwendig mit dieser Fähigkeit einhergingen, sich durch eine Offenheit anderen gegenüber selbst zu transzendieren.

Der einzigartige Wert der Liebe

91. Menschen können bestimmte Haltungen entwickeln, die moralische Werte darstellen: Tapferkeit, Nüchternheit, Fleiß und andere Tugenden. Aber um die praktischen Ausdrucksformen der verschiedenen moralischen Tugenden richtig zu lenken, ist auch zu bedenken, inwieweit sie eine Dynamik der Offenheit und der Einheit mit anderen Menschen bewirken. Eine solche Dynamik ist die Nächstenliebe, die Gott den Menschen eingießt. Andernfalls kann es sein, dass wir als tugendhaft erscheinen, ohne dass diese Tugenden in der Lage sind, ein Gemeinschaftsleben aufzubauen. Deshalb sagte der heilige Thomas von Aquin – wobei er den heiligen Augustinus zi-

---

[68] *Regula*, 53, 15: »Pauperum et peregrinorum maxime susceptioni cura sollicite exhibeatur«.

tierte –, dass die Maßhaltung der Geizhälse nicht tugendhaft sei.[69] Der heilige Bonaventura erklärte mit anderen Worten, dass die übrigen Tugenden ohne die Nächstenliebe streng genommen die Gebote nicht so erfüllen, »wie Gott das beabsichtigt«.[70]

92.   Die geistliche Gestalt des menschlichen Lebens ist von der Liebe geprägt, die »zum Maßstab für den endgültigen Entscheid über Wert oder Unwert eines Menschenlebens wird«.[71] Es gibt jedoch Gläubige, die meinen, ihre Größe bestünde darin, anderen ihre Ideologien aufzuzwingen, sei es in der gewaltsamen Verteidigung der Wahrheit, sei es in großen Machtdemonstrationen. Wir Gläubige müssen alle dies erkennen: An erster Stelle steht die Liebe; was nie aufs Spiel gesetzt werden darf, ist die Liebe; die größte Gefahr besteht darin, nicht zu lieben (vgl. *1 Kor* 13,1-13).

93.   Der heilige Thomas von Aquin versuchte zu verdeutlichen, worin die Erfahrung der Liebe besteht, die Gott mit seiner Gnade ermöglicht. Er erklärte sie als eine Bewegung der Aufmerksamkeit für den anderen, insofern der Liebende das Gelieb-

---

[69] Vgl. *Summa Theologiae* II-II, q. 23, art. 7; AUGUSTINUS, *Contra Julianum*, 4, 18: *PL* 44, 748: »Sie [die Geizigen] enthalten sich der Freuden, sei es aus Gier, den Verdienst zu vermehren, sei es aus Furcht, ihn zu schmälern«.

[70] »Secundum acceptionem divinam« (*Scriptum super Sententiis*, lib. 3, dist. 27, a. 1, q. 1, concl. 4).

[71] BENEDIKT XVI., Enzyklika *Deus caritas est* (25. Dezember 2005), 15: *AAS* 98 (2006), 230.

te in etwa »als ein Wesen mit sich selbst betrachtet«.[72] Die affektive Aufmerksamkeit, die dem anderen entgegengebracht wird, führt zu einer inneren
Ausrichtung, die bedingungslos sein Wohl sucht.
All dies nimmt seinen Ausgang bei einem Wohlwol-
len, bei einer Wertschätzung, also letztlich dem, was
sich hinter dem Wort „Nächstenliebe" verbirgt: das
Geliebte ist mir „teuer", das heißt, ich halte es für
sehr wertvoll.[73] Und »aus der Liebe, aufgrund derer
man eine bestimmte Person schätzt, kommt all das
Gute, das man ihr entgegenbringt«.[74]

94.   Liebe bedeutet also mehr als eine Reihe
wohltätiger Handlungen. Die Handlungen ent-
springen einer Einheit, die immer mehr auf den
anderen ausgerichtet ist und die ihn jenseits seiner physischen oder moralischen Erscheinung als
wertvoll, würdig, angenehm und schön erachtet.
Die Liebe zum anderen, drängt uns aufgrund ihrer
Natur, das Beste für sein Leben zu wollen. Nur
wenn wir diese Art gegenseitiger Bezogenheit entwickeln, wird ein gesellschaftlicher Zusammenhalt
möglich sein, der niemanden ausschließt, und eine
Geschwisterlichkeit, die für alle offen ist.

DIE FORTSCHREITENDE ÖFFNUNG DER LIEBE

95.   Die Liebe richtet uns schließlich auf die
universale Gemeinschaft hin aus. Niemand reift

[72] *Summa Theologiae* II-II, q. 27, art. 2, resp.
[73] Vgl. *ebd.,* I-II, q. 26, a. 3, resp.
[74] *Ebd.,* I-II, q. 110, a. 1, resp.

oder gelangt zu Erfüllung, wenn er sich isoliert. Durch die ihr innewohnende Dynamik verlangt die Liebe eine fortschreitende Öffnung, eine immer größere Fähigkeit, andere anzunehmen, in einem nie endenden Abenteuer, das alle Ränder zu einem vollen Bewusstsein gegenseitiger Zugehörigkeit zusammenwachsen lässt. Jesus sagte uns: »Ihr alle aber seid Brüder« (*Mt* 23,8).

96.   Diese Notwendigkeit, über die eigenen Grenzen hinauszugehen, gilt auch für die verschiedenen Regionen und Länder. In der Tat: »Die ständig steigende Zahl der Verbindungen und Kontakte, die unseren Planeten überziehen, macht das Bewusstsein der Einheit und des Teilens eines gemeinsamen Geschicks unter den Nationen greifbarer. So sehen wir, dass in die Geschichtsabläufe trotz der Verschiedenheit der Ethnien, der Gesellschaften und der Kulturen die Berufung hineingelegt ist, eine Gemeinschaft zu bilden, die aus Geschwistern zusammengesetzt ist, die einander annehmen und füreinander sorgen«.[75]

Offene Gesellschaften, die alle integrieren

97.   Es gibt Peripherien ganz in unserer Nähe, im Zentrum einer Stadt oder in der eigenen Familie. Es gibt auch einen Aspekt der universalen Offenheit der Liebe, der nicht geografischer, sondern existentieller Natur ist. Gemeint ist die täg-

[75] *Botschaft zum 47. Weltfriedenstag am 1. Januar 2014* (8. Dezember 2013), 1: *AAS* 106 (2014), 22; *L'Osservatore Romano* (dt.), Jg. 43 (2013), Nr. 51/52 (20. Dezember 2013), S. 4.

liche Fähigkeit, meine kleine Welt zu erweitern, diejenigen zu erreichen, die nicht unmittelbar mit meinen Interessen zu tun haben, obwohl sie mir nahestehen. Andererseits sind alle leidenden Schwestern und Brüder, die von der Gesellschaft im Stich gelassen oder ignoriert werden, existenziell Fremde, auch wenn sie im selben Land geboren wurden. Sie mögen Staatsbürger sein und im Besitz aller Dokumente; doch man lässt sie sich als Fremde im eigenen Land empfinden. Rassismus ist ein Virus, das leicht mutiert, und, anstatt zu verschwinden, im Verborgenen weiter lauert.

98.   Ich möchte an jene „verborgenen Exilanten" erinnern, die als Fremdkörper der Gesellschaft behandelt werden.[76] Viele Menschen mit Behinderungen »fühlen sich ohne Zugehörigkeit und Beteiligung«. Es gibt immer noch vieles, was ihnen eine volle Teilhabe verunmöglicht. Die Aufgabe besteht nicht nur darin, diesen Menschen zu helfen, sondern es geht um ihre »aktive Teilnahme an der zivilen und kirchlichen Gemeinschaft«. Das ist ein anstrengender, ja beschwerlicher Weg, der aber nach und nach dazu beitragen wird, ein Bewusstsein dafür zu entwickeln, dass jeder Mensch eine einzigartige und unwiederhol-

---

[76] Vgl. *Angelus* (29. Dezember 2013): *L'Osservatore Romano* (dt.), Jg. 44 (2014), Nr. 1 (3. Januar 2014), S. 1. *Ansprache an die Mitglieder des beim Heiligen Stuhl akkreditierten Diplomatischen Korps* (12. Januar 2015): *AAS* 107 (2015), 165; *L'Osservatore Romano* (dt.), Jg. 45 (2015), Nr. 3 (16. Januar 2015), S. 13.

bare Person ist. Ich denke dabei ebenso an die älteren Menschen, »die, auch wegen einer Behinderung, manchmal als Last empfunden werden«. Und doch kann jeder »durch seine eigene persönliche Biographie einen einzigartigen Beitrag zum Gemeinwohl leisten«. Ich möchte das noch einmal betonen: Wir müssen »den Mut haben, denen eine Stimme zu geben, die wegen einer Behinderung diskriminiert werden, denn leider tut man sich in einigen Ländern auch heute noch schwer, sie als Menschen gleicher Würde anzuerkennen«.[77]

Unzureichendes Verständnis der universalen Liebe

99.   Liebe, die über alle Grenzen hinausreicht, ist die Grundlage dessen, was wir in jeder Stadt und in jedem Land „soziale Freundschaft" nennen. Wenn dieser freundschaftliche Umgang in der Gesellschaft authentisch ist, ergibt er eine Bedingung der Möglichkeit von wirklicher universaler Offenheit. Damit ist nicht der falsche Universalismus derer gemeint, die ständig verreisen müssen, weil sie ihr eigenes Volk nicht ertragen und lieben. Wer sein Volk verachtet, etabliert in seiner eigenen Gesellschaft Kategorien einer ersten und einer zweiten Klasse, von Menschen mit mehr oder weniger Würde und Rechten. Auf diese Weise verneint er, dass es Platz für alle gibt.

---

[77] *Botschaft zum Welttag der Menschen mit Behinderungen* (3. Dezember 2019): *L'Osservatore Romano* (dt.), Jg. 49 (2019), Nr. 50 (13. Dezember 2019), S. 18.

100.   Ich spreche hier auch nicht von einem autoritären und abstrakten Universalismus, den einige diktieren oder entwerfen und als angebliches Ideal darstellen, um alle gleichzuschalten, zu dominieren und auszubeuten. Es gibt ein Globalisierungsmodell, das »bewusst auf eine eindimensionale Uniformität abzielt und versucht, alle Unterschiede und Traditionen in einem oberflächlichen Streben nach Einheit zu beseitigen. […] Wenn eine Globalisierung anstrebt, alle gleichzumachen, als entspräche sie dem Bild einer Kugel, dann zerstört diese Globalisierung den Reichtum und die Besonderheit jedes Einzelnen und jedes Volkes«.[78] Dieser falsche universalistische Traum endet damit, dass die Welt der Vielfalt ihrer Farben, ihrer Schönheit und letztlich ihrer Menschlichkeit beraubt wird. Denn die Zukunft ist nicht „einfarbig". Wenn wir den Mut dazu haben, können wir »sie in der Vielfalt und in der Unterschiedlichkeit der Beiträge betrachten, die jeder einzelne leisten kann. Wie sehr muss unsere Menschheitsfamilie lernen, in Harmonie und Frieden zusammenzuleben, ohne dass wir dazu alle gleich sein müssen!«[79]

ÜBER EINE WELT VON MENSCHEN SEINESGLEICHEN

---

[78] *Ansprache bei der Begegnung zur Religionsfreiheit mit der hispanischen Gemeinde und anderen Immigranten*, Philadelphia, USA (26. September 2015): *AAS* 107 (2015), 1050-1051; vgl.: *L'Osservatore Romano* (dt.), Jg. 45 (2015), Nr. 41 (9. Oktober 2015), S.10.
[79] *Ansprache bei der Begegnung mit den Jugendlichen*, Tokyo, Japan (25. November 2019): *L'Osservatore Romano* (dt.), Jg. 49 (2019), Nr. 50 (13. Dezember 2019), S. 13.

101. Kehren wir nun zum Gleichnis vom barmherzigen Samariter zurück, das uns noch viel zu sagen hat. Auf der Straße lag ein verletzter Mann. Die Menschen, die an ihm vorübergingen, hörten nicht auf den inneren Ruf, ihm beizustehen, sondern waren eher auf ihr Amt und die soziale Stellung, die sie innehatten, auf gesellschaftlich angesehene berufliche Tätigkeiten bedacht. Sie erachteten sich als wichtig für die Gesellschaft dieser Zeit, und was sie interessierte, war die Rolle, die ihnen zuteilwurde. Der verwundete und verlassene Mann am Wegesrand störte und durchkreuzte diese Pläne, und zudem hatte er keinerlei Funktion inne. Er war ein „Niemand", er gehörte keiner bedeutenden Gruppe an und spielte auch sonst keine wichtige Rolle für die weitere Geschichte. Der großherzige Samariter widerstand der Versuchung eines solchen klassifizierenden Denkens, obwohl er selbst zu keiner dieser Kategorien gehörte und nur ein Fremder ohne eigenen Platz in der Gesellschaft war. Frei von allen Titeln und Strukturen, war er in der Lage, seine Reise zu unterbrechen und seine Pläne zu ändern sowie offen zu sein für das Unvorhergesehene, für den Verwundeten, der ihn brauchte.

102. Welche Reaktion würde diese Geschichte heute hervorrufen, in einer Welt, in der es immer mehr soziale Gruppen gibt, die sich an eine Identität klammern, die sie von anderen trennt?

Wie kann sie diejenigen ansprechen, die zu einer Ordnung neigen, die alles Fremde verhindern möchte, das die eigene Identität und ein solches System der Abschottung und Selbstbezogenheit stören könnte? In einem solchen System kann man nicht zum Nächsten werden, man kann nur denjenigen nahe sein, die einem etwas bringen. Damit verliert das Wort „Nächster" jede Bedeutung, und nur das Wort „seinesgleichen" hat dann noch Sinn, d.h. diejenigen, mit denen man sich für bestimmte Interessen zusammentut. [80]

Freiheit, Gleichheit und Brüderlichkeit

103. Die Brüderlichkeit (Geschwisterlichkeit) ist nicht einfach die Folge aus der Achtung individueller Freiheit oder aus einer gewissen geregelten Gleichheit. Das sind zwar Bedingungen der Möglichkeit von Brüderlichkeit, aber damit kommt es nicht notwendigerweise zu Brüderlichkeit. Die Brüderlichkeit fügt der Freiheit und Gleichheit noch positiv etwas hinzu. Was geschieht ohne eine bewusst kultivierte Brüderlichkeit, ohne einen politischen Willen zur Brüderlichkeit, der konkret wird in einer Erziehung zur Brüderlichkeit, zum Dialog, zur Entdeckung des Wertes der Gegenseitigkeit und wechselseitiger Bereicherung? Dann passiert es, dass die Freiheit

[80] Bei diesen Überlegungen lasse ich mich von den Gedanken Paul Ricœurs anregen, welche er in seinem Aufsatz »*Le socius et le prochain*« ausführt (in: *Histoire et vérité*, Le Seuil, Paris 1967, S. 113-127).

schwindet und eher zu einem Zustand der Einsamkeit führt, zu einer reinen Autonomie, um jemandem oder etwas anzugehören oder einfach nur zu besitzen und zu genießen. Damit ist der Reichtum der Freiheit, die vor allem auf Liebe ausgerichtet ist, keineswegs erschöpft.

104. Auch Gleichheit wird so nicht erreicht, wenn man abstrakt definiert, dass „alle Menschen gleich sind". Sie ist vielmehr Ergebnis einer bewussten und pädagogischen Pflege der Brüderlichkeit. Diejenigen, die nur mit ihresgleichen zusammen sein können, schaffen geschlossene Welten. Welche Bedeutung hat dann ein Mensch in diesem Schema, der nicht zum Kreis ihresgleichen gehört und der neu dazukommt und von einem besseren Leben für sich und seine Familie träumt?

105. Der Individualismus macht uns nicht freier, gleicher oder brüderlicher. Die bloße Summe von Einzelinteressen ist nicht in der Lage, eine bessere Welt für die gesamte Menschheit zu schaffen. Sie kann uns auch nicht vor so vielen immer globaler auftretenden Übeln bewahren. Aber radikaler Individualismus ist das am schwersten zu besiegende Virus. Er ist hinterhältig. Er lässt uns glauben, dass alles darauf ankommt, unseren eigenen Ambitionen freien Lauf zu lassen, als ob wir durch Akkumulation individueller Ambitionen und Sicherheiten das Gemeinwohl aufbauen könnten.

106. Um auf dem Weg des freundschaftlichen
Umgangs in der Gesellschaft und der universalen
Geschwisterlichkeit voranzukommen, muss es
zu einer grundlegenden, wesentlichen Erkennt-
nis kommen: Es muss ein Bewusstsein dafür
entstehen, was ein Mensch wert ist, immer und
unter allen Umständen. Wenn jeder so viel wert
ist, muss klar und deutlich gesagt werden, dass
»allein die Tatsache, an einem Ort mit weniger
Ressourcen oder einer niedrigeren Entwicklungs-
stufe geboren zu sein, nicht rechtfertigt, dass einige Menschen weniger würdevoll leben«.[81] Dies
ist ein elementares Prinzip des gesellschaftlichen
Lebens, das gewohnheitsmäßig und auf verschiedene Weise von denjenigen ignoriert wird, die es
mit ihrem Weltbild nicht vereinbaren können
oder meinen, dass es ihren Zielen widerspricht.

107. Jeder Mensch hat das Recht, in Würde
zu leben und sich voll zu entwickeln, und kein
Land kann dieses Grundrecht verweigern. Jeder
Mensch besitzt diese Würde, auch wenn er wenig
leistet, auch wenn er mit Einschränkungen geboren oder aufgewachsen ist; denn dies schmälert
nicht seine immense Würde als Mensch, die nicht
auf den Umständen, sondern auf dem Wert seines Seins beruht. Wenn dieses elementare Prin-

---

[81] Apostolisches Schreiben *Evangelii gaudium* (24. November 2013), 190: *AAS* 105 (2013), 1100.

zip nicht gewahrt wird, gibt es keine Zukunft, weder für die Geschwisterlichkeit noch für das Überleben der Menschheit.

108.   Es gibt Gesellschaften, in denen dieses Prinzip nur teilweise gilt. Sie bejahen, dass jeder seine Chancen bekommen muss, dann aber, meinen sie, habe ein jeder alles selbst in der Hand. Aus dieser Sicht hätte es keinen Sinn, »zu investieren, damit diejenigen, die auf der Strecke geblieben sind, die Schwachen oder die weniger Begabten es im Leben zu etwas bringen können«.[82] Investitionen zugunsten der Schwachen sind möglicherweise nicht rentabel bzw. weniger effizient. Das erfordert einen präsenten und aktiven Staat und zivilgesellschaftliche Institutionen, die über die Freiheit der rein leistungsorientierten Mechanismen bestimmter wirtschaftlicher, politischer oder ideologischer Systeme hinausgehen, weil sie wirklich und in erster Linie auf die Menschen und das Gemeinwohl ausgerichtet sind.

109.   Einige wachsen in Familien mit guten wirtschaftlichen Voraussetzungen auf, erhalten eine solide Ausbildung, sind wohl genährt aufgewachsen oder besitzen von Natur aus bemerkenswerte Fähigkeiten. Sie werden sicherlich keinen aktiven Staat brauchen und nur Freiheit einfordern. Aber offensichtlich gilt das nicht für

---

[82] *Ebd.*, 209: *AAS* 105 (2013), 1107.

Menschen mit einer Behinderung, für Menschen aus einem armen Elternhaus, für Menschen mit einem niedrigen Bildungsniveau oder solche, die kaum Chancen auf eine angemessene Behandlung ihrer Krankheiten haben. Wenn die Gesellschaft in erster Linie auf den Kriterien des freien Marktes und der Leistung beruht, ist für sie kein Platz, und Geschwisterlichkeit wird zu einem allenfalls romantischen Ausdruck.

110.   Tatsache ist, dass eine »rein theoretische wirtschaftliche Freiheit, bei der aber die realen Bedingungen verhindern, dass viele sie wirklich erlangen können, und bei der sich der Zugang zur Arbeit verschlechtert, [...] für die Politik zu einem widersprüchlichen Thema«[83] wird. Worte wie Freiheit, Demokratie oder Geschwisterlichkeit verlieren dann ihren Sinn. Denn »solange unser Wirtschafts- und Sozialsystem auch nur ein Opfer hervorbringt und solange auch nur eine Person ausrangiert wird, kann man nicht feierlich von universaler Geschwisterlichkeit sprechen«.[84] Eine menschliche und geschwisterliche Gesellschaft ist in der Lage, auf effiziente und stabile Weise dafür zu sorgen, dass alle Menschen auf ihrem Lebensweg begleitet werden, nicht nur, um ihre Grundbedürfnisse zu befriedigen, sondern damit sie das

[83] Enzyklika *Laudato si'* (24. Mai 2015), 129: *AAS* 107 (2015), 899.
[84] *Schreiben zur Veranstaltung „Economy of Francesco"* (1. Mai 2019): *L'Osservatore Romano* (it.), Jg. 159 (2019), Nr. 113 (12. Mai 2019), S. 8.

Beste geben können, selbst wenn ihre Leistung dann vielleicht nicht hervorragend ist, auch wenn sie nur langsam vorankommen, auch wenn ihre Effizienz von geringer Bedeutung sein wird.

111.   Der Mensch mit seinem unveräußerlichen Rechten ist von Natur aus offen für Bindungen. Zutiefst wohnt ihm der Ruf inne, sich in der Begegnung mit anderen zu transzendieren. Aus diesem Grund muss man »Acht geben, nicht Missverständnissen zu verfallen, die aus einem falschen Verständnis des Begriffes Menschenrechte und deren widersinnigem Gebrauch hervorgehen. Es gibt nämlich heute die Tendenz zu einer immer weiter reichenden Beanspruchung der individuellen – ich bin versucht zu sagen: individualistischen – Rechte, hinter der sich ein aus jedem sozialen und anthropologischen Zusammenhang herausgelöstes Bild des Menschen verbirgt, der gleichsam als „Monade" (*monás*) zunehmend unsensibel wird [...]. Wenn nämlich das Recht eines jeden nicht harmonisch auf das größere Wohl hin ausgerichtet ist, wird es schließlich als unbegrenzt aufgefasst und damit zur Quelle von Konflikten und Gewalt«.[85]

DAS MORALISCH GUTE FÖRDERN

112.   Wir können nicht umhin zu sagen, dass der Wunsch und die Suche nach dem Wohl der

---

[85] *Ansprache an das Europäische Parlament, Straßburg* (25. November 2014): *AAS* 106 (2014), 997; *L'Osservatore Romano* (dt.), Jg. 44 (2014), Nr. 48 (28. November 2014), S. 13.

anderen und der ganzen Menschheit auch ein Bemühen um Reifung der Personen und Gesellschaften bezüglich der verschiedenen moralischen Werte impliziert, die zu einer ganzheitlichen menschlichen Entwicklung führen. Das Neue Testament erwähnt eine Frucht des Heiligen Geistes (vgl. *Gal* 5,22), die mit dem griechischen Wort *agathosyne* bezeichnet wird. Es meint ein Dem-Guten-Anhangen, ein Streben nach dem Guten. Mehr noch, es geht darum, das zu erreichen, was am meisten zählt, das Beste für die anderen: ihre Reifung, ihr gesundes Wachstum, die Übung von Tugenden und nicht nur materiellen Wohlstand. Es gibt einen ähnlichen lateinischen Ausdruck: *bene-volentia*, d.h. die Haltung, das Wohl des anderen zu wollen. Es ist eine starke Sehnsucht nach dem Guten, eine Neigung zu allem, was gut und vortrefflich ist, welche uns drängt, das Leben anderer mit schönen, erhabenen, erbaulichen Dingen zu bereichern.

113. In diesem Zusammenhang möchte ich noch einmal auf die schmerzliche Tatsache hinweisen, dass »wir schon sehr viel Zeit moralischen Verfalls [haben] verstreichen lassen, indem wir die Ethik, die Güte, den Glauben und die Ehrlichkeit bespöttelt haben, und es ist der Moment gekommen zu merken, dass diese fröhliche Oberflächlichkeit uns wenig genützt hat. Diese Zerstörung jeder Grundlage des Gesellschaftslebens bringt uns schließlich um der Wahrung der

jeweils eigenen Interessen willen gegeneinander auf«.[86] Wenden wir uns der Förderung des Guten zu, für uns selbst und für die ganze Menschheit, und so werden wir gemeinsam auf ein echtes und ganzheitliches Wachstum zugehen. Jede Gesellschaft muss für die Weitergabe von Werten sorgen, denn wenn dies ausbleibt, werden Egoismus, Gewalt und Korruption in ihren verschiedenen Formen sowie Gleichgültigkeit verbreitet, ein Leben letztlich, das jeder Transzendenz verschlossen ist und sich in individuellen Interessen verschanzt.

Der Wert der Solidarität

114.   Ich möchte die Solidarität hervorheben. »Als moralische Tugend und soziales Verhalten, eine Frucht der persönlichen Umkehr, erfordert [sie] ein Engagement vieler Einzelner, die im Erziehungs- und Bildungswesen Verantwortung tragen. Ich denke zunächst an die Familien, die zu einer vorrangigen und unabdingbaren Erziehungsaufgabe berufen sind. Sie bilden den ersten Ort, an dem die Werte der Liebe und der Geschwisterlichkeit, des Zusammenlebens und des Miteinander-Teilens, der Aufmerksamkeit und der Sorge für den anderen gelebt und vermittelt werden. Sie sind auch der bevorzugte Bereich für die Weitergabe des Glaubens, angefangen von jenen ersten einfachen Gesten der Frömmig-

---

[86] Enzyklika *Laudato si'* (24. Mai 2015), 229: *AAS* 107 (2015), 937.

keit, die die Mütter ihren Kindern beibringen. Die Erzieher und die Lehrer, die in der Schule oder in den verschiedenen Kinder- und Jugendzentren die anspruchsvolle Aufgabe haben, die jungen Menschen zu erziehen, sind berufen sich bewusst zu machen, dass ihre Verantwortung die moralische, spirituelle und soziale Dimension des Menschen betrifft. Die Werte der Freiheit, der gegenseitigen Achtung und der Solidarität können vom frühesten Alter an vermittelt werden. [...] Auch die Kulturanbieter und die Betreiber der sozialen Kommunikationsmittel tragen eine Verantwortung auf dem Gebiet der Erziehung und der Bildung, besonders in den zeitgenössischen Gesellschaften, in denen der Zugriff auf Informations- und Kommunikationsmittel immer stärker verbreitet ist«.[87]

115. In dieser Zeit, in der sich alles zu verwässern und aufzulösen scheint, ist es gut, an die Solidität[88] zu appellieren, die sich daraus ergibt, dass wir uns für die Schwäche anderer verantwortlich fühlen und versuchen eine gemeinsame Perspektive zu entwickeln. Die Solidarität drückt sich konkret im Dienst aus, der in der Art und

[87] *Botschaft zum 49. Weltfriedenstag am 1. Januar 2016* (8. Dezember 2015), 6: *AAS* 108 (2016), 57-58; *L'Osservatore Romano* (dt.), Jg. 45 (2015), Nr. 52/53 (25. Dezember 2015), S. 9.
[88] Die Wörter Solidität und Solidarität sind miteinander verwandt. In ihrer ethisch-politischen Bedeutung, die sie im Lauf der letzten beiden Jahrhunderte erlangt hat, ermöglicht die Solidarität die Errichtung einer sicheren und stabilen Gesellschaft.

Weise, wie wir uns um andere kümmern, sehr unterschiedliche Formen annehmen kann. Dienst bedeutet »zum großen Teil, Schwäche und Gebrechlichkeit zu beschützen. Dienen bedeutet, für die Schwachen in unseren Familien, in unserer Gesellschaft, in unserem Volk zu sorgen.« Bei dieser Aufgabe ist jeder in der Lage, »im konkreten Blick auf die Schwächsten sein Suchen, sein Streben und seine Sehnsucht nach Allmacht auszublenden. [...] Der Dienst schaut immer auf das Gesicht des Mitmenschen, berührt seinen Leib, spürt seine Nähe und in manchen Fällen sogar das „Kranke" und sucht, ihn zu fördern. Darum ist der Dienst niemals ideologisch, denn man dient nicht Ideen, sondern man dient Menschen«.[89]

116. Die Geringsten praktizieren im Allgemeinen »jene so besondere Solidarität, die leidende Menschen zusammenschweißt – arme Menschen –, und die unsere Zivilisation zu vergessen haben scheint, bzw. nur allzu gern vergessen möchte. Solidarität ist ein Wort, das nicht immer gefällt; ja, ich würde sagen, wir haben es manchmal sogar zu einer Art Schimpfwort gemacht, das man besser nicht in den Mund nimmt. Aber es ist ein Wort, das sehr viel mehr bedeutet als einige sporadische Gesten der Großzügigkeit. Es bedeutet, dass man im Sinne der Gemeinschaft denkt

---

[89] *Homilie in der heiligen Messe*, Havanna, Kuba (20. September 2015): *L'Osservatore Romano* (dt.), Jg. 45 (2015), Nr.39 (25. September 2015), S.9.

und handelt, dass man dem Leben aller Vorrang einräumt – und nicht der Aneignung der Güter durch einige wenige. Es bedeutet auch, dass man gegen die strukturellen Ursachen der Armut kämpft: Ungleichheit, das Fehlen von Arbeit, Boden und Wohnung, die Verweigerung der sozialen Rechte und der Arbeitsrechte. Es bedeutet, dass man gegen die zerstörerischen Auswirkungen der Herrschaft des Geldes kämpft [...]. Die Solidarität, verstanden in ihrem tiefsten Sinne, ist eine Art und Weise, Geschichte zu machen, und genau das ist es, was die Volksbewegungen tun«.[90]

117. Wenn wir von der Sorge um das gemeinsame Haus unseres Planeten sprechen, dann berufen wir uns auf dieses Minimum an universalem Bewusstsein und an gegenseitiger Fürsorge, die in den Menschen noch verblieben ist. Wenn jemand Wasser im Überfluss besitzt und trotzdem sorgsam damit umgeht, weil er an die anderen denkt, tut er das, weil er ein moralisches Niveau erreicht hat, das es ihm erlaubt, über sich und die Seinen hinauszublicken. Das ist wunderbar human! Ebendiese Haltung braucht es auch, um die Rechte eines jeden Menschen anzuerkennen, auch wenn er auf der anderen Seite der jeweiligen Grenzen geboren wurde.

[90] *Ansprache an die Teilnehmer des Internationalen Treffens der Volksbewegungen* (28. Oktober 2014): *AAS* 106 (2014), 851-852.

118.   Die Erde ist für alle da, denn wir Menschen kommen alle mit der gleichen Würde auf die Welt. Unterschiede in Hautfarbe, Religion, Fähigkeiten, Herkunft, Wohnort und vielen anderen Bereichen können nicht als Rechtfertigung für die Privilegien einiger zum Nachteil der Rechte aller geltend gemacht oder genutzt werden. Folglich sind wir als Gemeinschaft verpflichtet, dafür zu sorgen, dass jeder Mensch in Würde leben kann und angemessene Möglichkeiten für seine ganzheitliche Entwicklung hat.

119.   In den ersten Jahrhunderten des Christentums haben einige verständige Menschen in ihrem Nachdenken über die gemeinsame Bestimmung der geschaffenen Güter ein universales Bewusstsein entwickelt.[91] Man gelangte zu folgender Auffassung: Wenn jemand nicht das Notwendige zu einem Leben in Würde hat, liegt das daran, dass ein anderer sich dessen bemächtigt hat. Der heilige Johannes Chrysostomus fasst dies mit den Worten zusammen: »Den Armen nicht einen Teil seiner Güter zu geben bedeutet, von den Armen zu stehlen, es bedeutet, sie ihres Lebens zu berauben; und was wir besitzen, gehört nicht uns, son-

---

[91] Vgl. BASILIUS, *Homilia* 21. *Quod rebus mundanis adhaerendum non sit*, 3.5: *PG* 31, 545-549; *Regulae brevius tractatae*, 92: *PG* 31, 1145-1148; PETRUS CHRYSOLOGUS, *Sermo* 123: *PL* 52, 536-540; AMBROSIUS, *De Nabuthe*, 27.52: *PL* 14, 738s; AUGUSTINUS, *In Iohannis Evangelium*, 6, 25: *PL* 35, 1436s.

dern ihnen«.[92] Ähnlich drückt sich der heilige Gregor der Große aus: »Wenn wir den Armen etwas geben, geben wir nicht etwas von uns, sondern wir geben ihnen zurück, was ihnen gehört«.[93]

120. Wieder einmal mache ich mir Worte des heiligen Johannes Paul II. zu eigen und wiederhole sie hier, weil sie in ihrer Tragweite vielleicht nicht verstanden wurden: »Gott hat die Erde dem ganzen Menschengeschlecht geschenkt, ohne jemanden auszuschließen oder zu bevorzugen, auf dass sie alle seine Mitglieder ernähre.«[94] In diesem Zusammenhang erinnere ich daran, dass »die christliche Tradition [...] das Recht auf Privatbesitz niemals als absolut oder unveräußerlich anerkannt und die soziale Funktion jeder Form von Privateigentum betont« hat.[95] Das Prinzip der gemeinsamen Nutznießung der für alle geschaffenen Güter ist das »Grundprinzip der ganzen sozialethischen Ordnung«,[96] es ist ein natürliches, naturgegebenes und vorrangiges Recht.[97] Alle anderen Rechte an den Gütern, die für die ganzheitliche Verwirklichung der Personen notwendig sind, einschließlich des Privateigentums und aller anderen, »dürfen

---

[92] *De Lazaro Concio*, II, 6: *PG* 48, 992D.

[93] *Regula pastoralis*, III, 21: *PL* 77, 87.

[94] Enzyklika *Centesimus annus* (1. Mai 1991), 31: *AAS* 83 (1991), 831.

[95] Enzyklika *Laudato si'* (24. Mai 2015), 93: *AAS* 107 (2015), 884.

[96] JOHANNES PAUL II., Enzyklika *Laborem exercens* (14. September 1981), 19: *AAS* 73 (1981), 626.

[97] Vgl. PÄPSTLICHER RAT FÜR GERECHTIGKEIT UND FRIEDEN, *Kompendium der Soziallehre der Kirche*, 172.

seine Verwirklichung nicht erschweren, sondern müssen sie im Gegenteil erleichtern«, wie der heilige Paul VI. betonte.[98] Das Recht auf Privateigentum kann nur als ein sekundäres Naturrecht betrachtet werden, das sich aus dem Prinzip der universalen Bestimmung der geschaffenen Güter ableitet, und dies hat sehr konkrete Konsequenzen, die sich im Funktionieren der Gesellschaft widerspiegeln müssen. Häufig kommt es jedoch vor, dass sekundäre Rechte über die vorrangigen und ursprünglichen Rechte gestellt werden, so dass sie ohne praktische Relevanz bleiben.

Rechte ohne Grenzen

121.   Niemand darf aufgrund seiner Herkunft ausgeschlossen werden und schon gar nicht aufgrund der Privilegien anderer, die unter günstigeren Umständen aufgewachsen sind. Auch die Grenzen und Grenzverläufe von Staaten können das nicht verhindern. So wie es inakzeptabel ist, dass eine Person weniger Rechte hat, weil sie eine Frau ist, so ist es auch nicht hinnehmbar, dass der Geburts- oder Wohnort schon von sich aus mindere Voraussetzungen für ein würdiges Leben und eine menschenwürdige Entwicklung liefert.

122.   Entwicklung darf nicht die wachsende Bereicherung einiger weniger zum Ziel haben,

---

[98] Enzyklika *Populorum progressio* (26. März 1967), 22: *AAS* 59 (1967), 268.

sondern muss »die persönlichen und gesellschaftlichen, wirtschaftlichen und politischen Menschenrechte, die Rechte der Nationen und Völker eingeschlossen«,[99] gewährleisten. Das Recht einiger auf Unternehmens- oder Marktfreiheit kann nicht über den Rechten der Völker und der Würde der Armen stehen und auch nicht über der Achtung für die Schöpfung, denn »wenn sich jemand etwas aneignet, dann nur, um es zum Wohl aller zu verwalten«.[100]

123.   Die Unternehmertätigkeit ist in der Tat eine edle Berufung, »die darauf ausgerichtet ist, Wohlstand zu erzeugen und die Welt für alle zu verbessern«.[101] Gott fördert uns, er erwartet von uns, dass wir die Fähigkeiten entfalten, die er uns gegeben hat, und er hat der Welt sehr viele Möglichkeiten geschenkt. Sein Plan für uns ist es, dass jeder Mensch sich entwickelt[102] und dazu gehört auch die Förderung wirtschaftlicher und technologischer Fähigkeiten, um Güter und den Wohlstand zu mehren. In jedem Fall aber sollten diese Fähigkeiten der Unternehmer, die ein Geschenk Gottes sind, klar auf die Entwicklung anderer Menschen und auf die

---

[99] JOHANNES PAUL II., Enzyklika *Sollicitudo rei socialis* (30. Dezember 1987), 33: *AAS* 80 (1988), 557.

[100] Enzyklika *Laudato si'* (24. Mai 2015), 95: *AAS* 107 (2015), 885.

[101] *Ebd.*, 129: *AAS* 107 (2015), 899.

[102] Vgl. PAUL VI., Enzyklika *Populorum progressio* (26. März 1967), 15: *AAS* 59 (1967), 265; BENEDIKT XVI., Enzyklika *Caritas in veritate* (29. Juni 2009), 16: *AAS* 101 (2009), 652.

Überwindung der Armut ausgerichtet sein, insbesondere durch die Schaffung vielfältiger Beschäftigungsmöglichkeiten. Immer gibt es neben dem Recht auf Privatbesitz das vorrangige und vorgängige Recht der Unterordnung allen Privatbesitzes unter die allgemeine Bestimmung der Güter der Erde und daher das allgemeine Anrecht auf seinen Gebrauch.[103]

Die Rechte der Völker

124.   Die Überzeugung von der gemeinsamen Bestimmung der Güter der Erde erfordert heute, dass sie auch auf Länder, ihre Territorien und ihre Ressourcen angewandt wird. Wenn wir es nicht nur von der Legitimität des Privateigentums und den Rechten der Bürger einer bestimmten Nation aus betrachten, sondern auch von dem ersten Grundsatz der gemeinsamen Bestimmung der Güter, dann können wir sagen, dass jedes Land auch ein Land des Ausländers ist, denn die Güter eines Territoriums dürfen einer bedürftigen Person, die von einem anderen Ort kommt, nicht vorenthalten werden. Tatsächlich gibt es, wie die Bischöfe der Vereinigten Staaten gelehrt haben, Grundrechte, die »jeder Gesellschaft vorausgehen, weil sie sich aus der Würde ableiten, die

[103] Vgl. Enzyklika *Laudato si'* (24. Mai 2015), 93: *AAS* 107 (2015), 884-885; Apostolisches Schreiben *Evangelii gaudium* (24. November 2013), 189-190: *AAS* 105 (2013), 1099-1100.

jedem Menschen zukommt, da er ein Geschöpf Gottes ist«.[104]

125.   Dies setzt auch eine andere Art des Verständnisses der Beziehungen und des Austauschs zwischen den Ländern voraus. Wenn jeder Mensch eine unveräußerliche Würde hat, wenn jeder Mensch mein Bruder oder meine Schwester ist, und wenn die Welt wirklich allen gehört, ist es egal, ob jemand hier geboren wurde oder außerhalb der Grenzen seines eigenen Landes lebt. Auch meine Nation ist mitverantwortlich für deren Entwicklung, auch wenn sie dieser Verantwortung auf verschiedene Weise gerecht werden kann: indem sie sie großzügig aufnimmt, wenn sie sich in einer unvermeidlichen Notlage befinden, indem sie sie in ihren eigenen Ländern fördert, indem sie nicht ganze Länder ausbeutet und ihrer natürlichen Ressourcen beraubt und korrupte Systeme fördert, die eine würdige Entwicklung dieser Völker behindern. Was für die Nationen gilt, ist auch in abgewandelter Form für die verschiedenen Regionen der einzelnen Länder gültig, zwischen denen oft gravierende Ungleichheiten auftreten. Aber die Unfähigkeit, allen die gleiche Menschenwürde zuzuerkennen, führt manchmal dazu, dass die besser entwickelten Regionen bestimmter Länder danach streben, sich vom „Ballast" der ärmeren Regionen

---

[104] BISCHOFSKONFERENZ DER VEREINIGTEN STAATEN VON AMERIKA, *Open wide our Hearts: The enduring Call to Love. A Pastoral Letter against Racism* (November 2018).

zu befreien, um den eigenen Konsum noch weiter steigern zu können.

126. Wir sprechen von einem neuen Netzwerk in den internationalen Beziehungen, denn es ist nicht möglich, die ernsten Probleme der Welt zu lösen, wenn man nur auf der Ebene einer gegenseitigen Hilfe zwischen Einzelpersonen oder kleinen Gruppen denkt. Machen wir uns bewusst, dass die Ungerechtigkeit nicht nur Einzelne betrifft, sondern ganze Länder. Sie verpflichtet dazu, über eine Ethik der internationalen Beziehungen nachzudenken.[105] Und die Gerechtigkeit verlangt die Anerkennung und Achtung nicht nur der individuellen Rechte, sondern auch der sozialen Rechte und der Rechte der Völker.[106] Das hier gesagte, impliziert auch die Gewährleistung des »Grundrechts der Völker auf Erhaltung und Fortschritt«,[107] was zuweilen durch den Druck, der von der Auslandsverschuldung ausgeht, stark beeinträchtigt wird. Die Abzahlung der Schulden verlangsamt in vielen Fällen nicht nur die Entwicklung, sondern begrenzt sie und macht sie stark abhängig. Auch wenn der Grundsatz bestehen bleibt, dass jede rechtmäßig aufgenommene Schuld bezahlt werden muss, darf die Art und Weise, wie viele arme Länder

---

[105] Vgl. Enzyklika *Laudato si'* (24. Mai 2015), 51: *AAS* 107 (2015), 867.

[106] Vgl. BENEDIKT XVI., Enzyklika *Caritas in veritate* (29. Juni 2009), 6: *AAS* 101 (2009), 644.

[107] JOHANNES PAUL II., Enzyklika *Centesimus annus* (1. Mai 1991), 35: *AAS* 83 (1991), 838.

dieser Pflicht gegenüber den reichen Ländern nachkommen, nicht dazu führen, dass ihr Erhalt und ihr Wachstum gefährdet werden.

127.   Hier geht es zweifellos um eine andere Logik. Wenn man sich nicht bemüht, in diese Logik einzusteigen, werden meine Worte sich nach Phantasien anhören. Aber wenn man als grundlegendes Rechtsprinzip akzeptiert, dass diese Rechte aus der bloßen Tatsache des Besitzes einer unveräußerlichen Menschenwürde hervorgehen, kann man die Herausforderung annehmen, von einer anderen Menschheit zu träumen und über eine solche nachzudenken. Es ist möglich, einen Planeten zu wünschen, der allen Menschen Land, Heimat und Arbeit bietet. Dies ist der wahre Weg zum Frieden und nicht die sinnlose und kurzsichtige Strategie, Angst und Misstrauen gegenüber äußeren Bedrohungen zu säen. Denn ein wirklicher und dauerhafter Frieden ist nur möglich »im Anschluss an eine globale Ethik der Solidarität und Zusammenarbeit im Dienst an einer Zukunft, die von der Interdependenz und Mitverantwortlichkeit innerhalb der ganzen Menschheitsfamilie von heute und morgen gestaltet wird.«[108]

---

[108] *Ansprache über Atomwaffen*, Nagasaki, Japan (24. November 2019): *L'Osservatore Romano* (dt.), Jg. 49 (2019), Nr. 48/49 (29. November 2019), S. 14.

VIERTES KAPITEL

EIN OFFENES HERZ
FÜR DIE GANZE WELT

128. Wenn die Überzeugung, dass wir als Menschen Brüder und Schwestern sind, keine abstrakte Idee bleiben, sondern konkret Wirklichkeit werden soll, dann stehen wir vor einer Reihe von Herausforderungen, die uns aufrütteln und uns zwingen, neue Perspektiven einzunehmen und neue Antworten zu entwickeln.

DIE BESCHRÄNKUNG VON GRENZEN

129. Wenn der Nächste ein Migrant ist, ergeben sich komplexe Herausforderungen.[109] Ideal wäre es, wenn unnötige Migration vermieden werden könnte, und das kann erreicht werden, indem man in den Herkunftsländern die Bedingungen für ein Leben in Würde und Wachstum schafft, so dass jeder die Chance auf eine ganzheitliche Entwicklung hat. Solange es jedoch keine wirklichen Fortschritte in diese Richtung gibt, ist es unsere Pflicht, das Recht eines jeden Menschen zu respektieren, einen Ort zu finden, an dem er

---

[109] Vgl. DIE KATHOLISCHEN BISCHÖFE MEXIKOS UND DER VEREINIGTEN STAATEN VON AMERIKA, Hirtenbrief *Strangers no longer: Together on the Journey of Hope* (Januar 2003).

nicht nur seinen Grundbedürfnissen und denen
seiner Familie nachkommen, sondern sich auch
als Person voll verwirklichen kann. Unsere Bemühungen für die zu uns kommenden Migranten lassen sich in vier Verben zusammenfassen:
aufnehmen, schützen, fördern und integrieren.
In der Tat geht es nicht »darum, von oben her
Hilfsprogramme zu verordnen, sondern gemeinsam einen Weg zurückzulegen durch diese vier
Vorgehensweisen, um Städte und Länder aufzubauen, die zwar die jeweilige kulturelle und religiöse Identität bewahren, aber offen sind für
Unterschiede und es verstehen, diese im Zeichen
der menschlichen Brüderlichkeit wertzuschätzen«.[110]

130.   Daraus folgen einige notwendige Konsequenzen insbesondere denen gegenüber, die vor
schweren humanitären Krisen fliehen. Ich möchte einige Beispiele nennen: es müsste eine größere Zahl von Visa ausgestellt werden und die
Antragsverfahren müssten vereinfacht werden;
es wären private und gemeinschaftliche Hilfsprogramme ins Leben zu rufen; für die am stärksten gefährdeten Flüchtlinge müssten humanitä-
re Korridore eingerichtet werden; angemessene
und ordentliche Unterkünfte müssten zur Verfügung stehen; die persönliche Sicherheit und
der Zugang zu grundlegenden Dienstleistungen
muss gewährleistet sein, ebenso eine angemes-

---

[110] *Generalaudienz* (3. April 2019): *L'Osservatore Romano*
(dt.), Jg. 49 (2019), Nr. 15 (12. April 2019), S. 2.

sene konsularische Betreuung und das Recht, jederzeit persönliche Ausweispapiere mit sich führen zu dürfen, ein uneingeschränkter Zugang zur Justiz, die Möglichkeit der Eröffnung von Bankkonten und die Gewährleistung aller für den Lebensunterhalt notwendigen Dinge; Bewegungsfreiheit und die Möglichkeit einer Arbeit nachzugehen; Minderjährigen ist Schutz und ein geregelter Zugang zur Bildung zu gewähren; für sie sind auch Programme vorübergehender Obhut und Unterbringung wichtig; Religionsfreiheit ist zu garantieren; soziale Integration zu fördern; die Familienzusammenführung zu unterstützen und Gruppierungen vor Ort sollten auf Integrationsprozesse vorbereitet werden.[111]

131. Für diejenigen, die schon länger angekommen sind und inzwischen Teil des sozialen Gefüges sind, ist es wichtig, einen Begriff von „Bürgerrecht" anzuwenden, der »auf der Gleichheit der Rechte und Pflichten [basiert], unter deren Schutz alle die gleiche Gerechtigkeit genießen. Das erfordert notwendigerweise den Einsatz dafür, dass in unseren Gesellschaften das Konzept des *vollen Bürgerrechts* festgelegt und auf eine diskriminierende Verwendung des Begriffs *Minderheiten* verzichtet wird. Denn diese sät Gefühle der Isolation und der Minderwertigkeit, bereitet Feindseligkeit und Zwietracht den Boden und beraubt durch Diskriminierung einen Teil

---

[111] Vgl. *Botschaft zum 104. Welttag des Migranten und Flüchtlings* (14. Januar 2018): *AAS* 109 (2017), 918-923.

der Bürgerschaft einiger religiöser oder ziviler Errungenschaften und Rechte«.[112]

132. Über die verschiedenen unverzichtbaren Maßnahmen hinaus können die Staaten allein keine angemessenen Lösungen entwickeln, »denn die Konsequenzen der Entscheidungen eines jeden fallen unvermeidlich auf die gesamte internationale Gemeinschaft zurück«. Deshalb können »die Antworten nur das Ergebnis einer gemeinsamen Arbeit sein«,[113] indem eine umfassende Gesetzgebung (*governance*) für Migration geschaffen wird. In jedem Fall besteht die Notwendigkeit, dass »mittel- und langfristige Pläne aufgestellt werden müssen, die über den Notbehelf hinausgehen. Sie müssten einerseits wirklich die Eingliederung der Migranten in die Aufnahmeländer fördern und andererseits zugleich die Entwicklung in den Herkunftsländern begünstigen mit solidarischen politischen Programmen, die jedoch die Hilfen nicht von Strategien und Verfahren abhängig machen, die den Kulturen der Völker, an die sie sich richten, ideologisch

---

[112] *Dokument über die Brüderlichkeit aller Menschen für ein friedliches Zusammenleben in der Welt*, Abu Dhabi, Vereinigte Arabische Emirate (4. Februar 2019): *L'Osservatore Romano* (dt.), Jg. 49 (2019), Nr. 7 (15. Februar 2019), S. 9.
[113] *Ansprache an die Mitglieder des beim Heiligen Stuhl akkreditierten Diplomatischen Korps* (11. Januar 2016): *AAS* 108 (2016), 124; *L'Osservatore Romano* (dt.), Jg. 46 (2016), Nr. 2 (15. Januar 2016), S. 11.

fremd sind oder zu ihnen im Widerspruch stehen«.[114]

DIE GEGENSEITIGEN GABEN

133. Die Ankunft verschiedener Menschen, die aus anderen Lebenskontexten und kulturellen Zusammenhängen kommen, wird zu einer Chance, denn die Geschichten der Migranten sind auch Geschichten von »Begegnungen zwischen Menschen und Kulturen: Für die Gemeinden und Gesellschaften, in denen sie ankommen, sind sie eine Chance zur Bereicherung und fördern die ganzheitliche menschliche Entwicklung aller«.[115] Deshalb »bitte ich vor allem die Jugendlichen, nicht auf diejenigen hereinzufallen, die versuchen, gegen junge Migranten zu hetzen, indem sie so beschrieben werden, als seien sie gefährlich und als hätten sie nicht die gleiche unveräußerliche Würde wie jeder Mensch«.[116]

134. Wenn man einen anderen Menschen herzlich aufnimmt, ermöglicht ihm das, weiterhin er selbst zu sein und sich zugleich weiterzuentwickeln. Die verschiedenen Kulturen, die im Laufe der Jahrhunderte ihren Reichtum hervorgebracht haben, müssen bewahrt werden, damit die Welt nicht verarmt. Zugleich sollten sie unbedingt

---

[114] *Ebd.*, 122; *L'Osservatore Romano* (dt.), Jg. 46 (2016), Nr. 2 (15. Januar 2016), S. 11.

[115] Nachsynodales Apostolisches Schreiben *Christus vivit* (25. März 2019), 93.

[116] *Ebd.*, 94.

motiviert werden, in der Begegnung mit anderen Wirklichkeiten etwas Neues entstehen zu lassen. Die Gefahr, Opfer einer „kulturellen Sklerose" zu werden, darf nicht ignoriert werden. Deshalb ist es »nötig, dass wir miteinander reden, die Reichtümer eines jeden entdecken, zur Geltung bringen, was uns verbindet, und auf die Unterschiede blicken als eine Möglichkeit, im Respekt gegenüber allen zu wachsen. Ein geduldiger und vertrauensvoller Dialog ist notwendig, so dass die Menschen, die Familien und die Gemeinschaften die Werte ihrer eigenen Kultur vermitteln und das Gute, das von der Erfahrung anderer kommt, aufnehmen können.«[117]

135.   Ich greife ein paar Beispiele auf, die ich bereits vor einiger Zeit erwähnt habe: Die Kultur der Latinos ist »ein Ferment von Werten und Möglichkeiten, die den Vereinigten Staaten vielleicht sehr gut täten. [...] Eine starke Einwanderung prägt und verändert letztlich immer die Kultur eines Ortes. In Argentinien hat die starke italienische Einwanderung die Kultur der Gesellschaft geprägt, und in der Kultur von Buenos Aires bemerkt man deutlich, dass dort etwa zweihunderttausend Juden leben. Einwanderer sind, wenn man ihnen bei der Integration hilft, ein Segen, ein Reichtum und ein neues Geschenk,

[117] *Ansprache an die Politiker*, Sarajevo, Bosnien-Herzegowina (6. Juni 2015): *L'Osservatore Romano* (dt.), Jg. 45 (2015), Nr. 24 (12. Juni 2015), S. 7.

das eine Gesellschaft einlädt sich weiterzuentwickeln«.[118]

136. In einem weiteren Zusammenhang erinnerte ich gemeinsam mit dem Großimam Ahmad Al-Tayyeb daran, dass »die Beziehung zwischen dem Westen und dem Osten von gegenseitiger Notwendigkeit ist und weder ersetzt noch vernachlässigt werden kann, damit beide durch den Austausch und Dialog der Kulturen sich gegenseitig kulturell bereichern. Der Westen könnte in der Kultur des Ostens Heilmittel für einige seiner geistigen und religiösen Krankheiten finden, die von der Vorherrschaft des Materialismus hervorgerufen wurden. Und der Osten könnte in der Kultur des Westens viele Elemente finden, die ihm hilfreich sind, sich von der Schwachheit, der Spaltung, dem Konflikt und vor dem wissenschaftlichen, technischen und kulturellen Abstieg zu retten. Es ist wichtig, den religiösen, kulturellen und historischen Unterschieden Aufmerksamkeit zu schenken, die ein wesentlicher Bestandteil in der Bildung der Persönlichkeit, der Kultur und der Zivilisation des Ostens sind. Es ist auch wichtig, die allgemeinen gemeinsamen Menschenrechte zu festigen, um dazu beizutragen, ein würdiges Leben für alle Menschen im Westen und im Osten zu gewährleisten, wobei

[118] *Latinoamérica. Conversaciones con Hernán Reyes Alcaide*, Planeta, Buenos Aires 2017, S. 105.

der Rückgriff auf eine doppelte Politik vermieden werden muss«.[119]

Fruchtbarer Austausch

137. Gegenseitige Hilfe zwischen Ländern kommt letztlich allen zugute. Ein Land, das sich auf der Grundlage seiner ursprünglichen Kultur weiterentwickelt, ist wertvoll für die gesamte Menschheit. Wir müssen das Bewusstsein dafür schärfen, dass wir die Probleme unserer Zeit nur gemeinsam oder gar nicht bewältigen werden. Armut, Verfall und die Leiden eines Teils der Erde sind ein stillschweigender Nährboden für Probleme, die letztlich den ganzen Planeten betreffen. Wenn uns das Aussterben bestimmter Arten Sorgen bereitet, sollte uns erst recht der Gedanke beunruhigen, dass es überall Menschen und Völker gibt, die ihr Potenzial und ihre Schönheit aufgrund von Armut oder anderen strukturellen Grenzen nicht entfalten können. Denn dies führt letztendlich zur Verarmung von uns allen.

138. Dies war schon immer bekannt, doch heute, in einer Welt, die durch die Globalisierung so sehr miteinander verbunden ist, ist es offensichtlicher denn je. Wir brauchen eine rechtliche, poli-

[119] *Dokument über die Brüderlichkeit aller Menschen für ein friedliches Zusammenleben in der Welt*, Abu Dhabi, Vereinigte Arabische Emirate (4. Februar 2019): *L'Osservatore Romano* (dt.), Jg. 49 (2019), Nr. 7 (15. Februar 2019), S. 9.

tische und wirtschaftliche Weltordnung, »die die internationale Zusammenarbeit auf die solidarische Entwicklung aller Völker hin fördert und ausrichtet«.[120] Dies kommt letztlich dem ganzen Planeten zugute, denn »Entwicklungshilfe für die armen Länder« bedeutet »Vermögensschaffung für alle«.[121] Unter dem Gesichtspunkt ganzheitlicher Entwicklung setzt dies voraus, dass »auch den ärmeren Nationen eine wirksame Stimme in den gemeinschaftlichen Entscheidungen zuerkannt wird«[122] und dass Anstrengungen unternommen werden, »den von Armut und Unterentwicklung gezeichneten Ländern Zugang zum internationalen Markt zu verschaffen«.[123]

Unentgeltliche Annahme

139.   Ich möchte diesen Ansatz jedoch nicht auf irgendeine Form von Utilitarismus reduzieren. Es gibt nämlich auch die Unentgeltlichkeit, die Fähigkeit, bestimmte Dinge einfach deshalb zu tun, weil sie an sich gut sind, ohne dass man dabei auf irgendeinen Ertrag hofft oder sofort eine Gegenleistung erwartet. So ist es möglich, den Fremden aufzunehmen, auch wenn es im Moment keinen unmittelbaren Nutzen bringt. Dennoch gibt es Länder, die für sich beanspru-

---

[120] BENEDIKT XVI., Enzyklika *Caritas in veritate* (29. Juni 2009), 67: *AAS* 101 (2009), 700.
[121] *Ebd.*, 60: *AAS* 101 (2009), 695.
[122] *Ebd.*, 67: *AAS* 101 (2009), 700.
[123] PÄPSTLICHER RAT FÜR GERECHTIGKEIT UND FRIEDEN, *Kompendium der Soziallehre der Kirche*, 447.

chen, nur Wissenschaftler und Investoren aufzunehmen.

140. Diejenigen, die keine solche geschwisterliche Uneigennützigkeit üben, machen ihr ganzes
Dasein zu einem mühseligen Geschäft, weil sie
das, was sie geben, immerzu gegen das aufrech-
nen, was sie als Gegenleistung erhalten. Gott
aber gibt unentgeltlich, und das geht so weit, dass
er selbst denen hilft, die nicht treu sind, und »seine Sonne aufgehen [lässt] über Bösen und Guten« (*Mt* 5,45). Deshalb empfiehlt Jesus: »Wenn
du Almosen gibst, soll deine linke Hand nicht
wissen, was deine rechte tut, damit dein Almosen
im Verborgenen bleibt« (*Mt* 6,3-4). Wir haben
unser Leben geschenkt bekommen, wir haben
nicht dafür bezahlt. Wir alle können also etwas
geben, ohne etwas dafür zu erwarten, wir können
Gutes tun, ohne von der Person, der wir helfen,
dasselbe zu verlangen. Eben das sagte Jesus zu
seinen Jüngern: »Umsonst habt ihr empfangen,
umsonst sollt ihr geben« (*Mt* 10,8).

141. Wie es um die verschiedenen Länder der
Welt wirklich bestellt ist, lässt sich an dieser Fähigkeit abmessen, nicht nur an das eigene Land,
sondern an die ganze Menschheitsfamilie zu denken, und das wird besonders in kritischen Zeiten
offenbar. In sich verschlossene Nationalismen
manifestieren eine Unfähigkeit, unentgeltlich zu
geben, und die irrige Überzeugung, dass sie vom
Niedergang der anderen profitieren können und
dass sie sicherer leben, wenn sie sich anderen

gegenüber abschotten. Der Einwanderer wird als Usurpator gesehen, der nichts bringt. So kommt man zu der naiven Auffassung, dass die Armen gefährlich oder nutzlos und die Mächtigen großzügige Wohltäter sind. Nur eine soziale und politische Kultur, die eine Aufnahme ohne Gegenleistung einschließt, wird eine Zukunft haben.

LOKAL UND UNIVERSAL

142. Es sei daran erinnert, dass »zwischen der Globalisierung und der Lokalisierung [eine Spannung entsteht]. Man muss auf die globale Dimension achten, um nicht in die alltägliche Kleinlichkeit zu fallen. Zugleich ist es nicht angebracht, das, was ortsgebunden ist und uns mit beiden Beinen auf dem Boden der Realität bleiben lässt, aus dem Auge zu verlieren. Wenn die Pole miteinander vereint sind, verhindern sie, in eines der beiden Extreme zu fallen: das eine, dass die Bürger in einem abstrakten und globalisierenden Universalismus leben […]; das andere, dass sie ein folkloristisches Museum ortsbezogener Eremiten werden, die dazu verurteilt sind, immer dieselben Dinge zu wiederholen, unfähig, sich von dem, was anders ist, hinterfragen zu lassen und die Schönheit zu bewundern, die Gott außerhalb ihrer Grenzen verbreitet«.[124] Wir müssen auf das Globale schauen, das uns von einem beschaulichen Provinzialismus erlöst. Wenn unser

---

[124] Apostolisches Schreiben *Evangelii gaudium* (24. November 2013), 234: *AAS* 105 (2013), 1115.

Zuhause nicht mehr Heimat ist, sondern einem Gehege oder einer Zelle gleicht, dann befreit uns das Globale, weil es uns auf die Fülle hin orientiert. Gleichzeitig muss uns die lokale Dimension am Herzen liegen, denn sie besitzt etwas, was das Globale nicht hat: sie ist Sauerteig, sie bereichert, sie setzt subsidiäre Maßnahmen in Gang. Daher sind die universale Geschwisterlichkeit und die soziale Freundschaft im Inneren jeder Gesellschaft zwei untrennbare und gleich wichtige Pole. Trennt man sie voneinander, führt dies zu Deformierung und schädlicher Polarisierung.

Lokalkolorit

143.   Eine Offenheit, die ihr Wertvollstes preisgibt, ist nicht die Lösung. So wie es ohne persönliche Identität keinen Dialog mit anderen gibt, so gibt es auch keine Offenheit zwischen den Völkern ohne die Liebe zum eigenen Land und seinen Menschen sowie zu ihren jeweiligen kulturellen Eigenheiten. Ich begegne dem anderen nicht, wenn ich keinen Nährboden habe, in dem ich fest verwurzelt bin, denn auf dieser Grundlage kann ich das Geschenk des anderen annehmen und ihm etwas Authentisches anbieten. Man kann die anderen nur dann annehmen und ihren spezifischen Beitrag anerkennen, wenn man selbst fest mit dem eigenen Volk und seiner Kultur verbunden ist. Jeder liebt sein Land, verspürt eine besondere Verantwortung diesem gegenüber und kümmert sich darum, so wie jeder sein Zuhause lieben und pflegen muss, da-

108

mit es nicht zusammenbricht, denn die Nachbarn werden das nicht tun. Das Wohl der Welt erfordert ebenfalls, dass jeder sein eigenes Land schützt und liebt. Andernfalls werden die Probleme der einzelnen Länder Auswirkungen auf den gesamten Planeten haben. Dies beruht auf der positiven Bedeutung des Rechts auf Eigentum: Ich bewahre und pflege etwas, das ich besitze, so dass es allen zum Wohl gereicht.

144. Außerdem ist dies Voraussetzung für einen gesunden und bereichernden Austausch. Die Erfahrung, an einem bestimmten Ort und in einer bestimmten Kultur zu leben, ist die Grundlage, die es ermöglicht, Aspekte der Wirklichkeit zu erfassen, die diejenigen, die keine solche Erfahrung haben, nicht so leicht begreifen können. Das Universale darf nicht zu einer homogenen, einheitlichen und standardisierten Domäne einer einzigen vorherrschenden Kulturform werden, die irgendwann die Farben des Polyeders verliert und dann abstoßend wirkt. Das ist die Versuchung, von der die uralte Geschichte des Turmbaus zu Babel handelt. Der Bau eines Turms, der bis in den Himmel ragen sollte, drückte nicht die Einheit unter den verschiedenen Völkern aus, die in der Lage waren, entsprechend ihrer Verschiedenheit zu kommunizieren. Im Gegenteil, es war der irrige und aus menschlichem Stolz und Ehrgeiz stammende Versuch, eine andere Art von Einheit zu schaffen als die, die Gott für die Völker vorgesehen hatte (vgl. *Gen* 11,1-9).

145. Es gibt eine falsche Offenheit für das Universale, die von der leeren Oberflächlichkeit derjenigen herrührt, die nicht in der Lage sind, ihr eigenes Heimatland wirklich zu verstehen, oder von denen, die einen nicht überwundenen Groll gegen ihr eigenes Volk hegen. Auf jeden Fall müssen wir »immer den Blick weiten, um ein größeres Gut zu erkennen, das uns allen Nutzen bringt. Das darf allerdings nicht den Charakter einer Flucht oder einer Entwurzelung haben. Es ist notwendig, die Wurzeln in den fruchtbaren Boden zu senken und in die Geschichte des eigenen Ortes, die ein Geschenk Gottes ist. Man arbeitet im Kleinen, mit dem, was in der Nähe ist, jedoch mit einer weiteren Perspektive. [...] Das ist weder die globale Sphäre, die letztlich marginalisiert, noch die isolierte Besonderheit, die unfruchtbar macht«,[125] sondern das ist der Polyeder, bei dem zwar jeder einzelne Teil in seinem Wert respektiert wird und zugleich »das Ganze mehr ist als die Teile, und [...] auch mehr als ihre bloße Summe«.[126]

Der universale Horizont

146. Es gibt einen „lokalen Narzissmus", der nicht Ausdruck einer gesunden Liebe zum eigenen Volk und zur eigenen Kultur ist. Hinter diesem Phänomen verbirgt sich ein verschlossener Geist, der aus einer gewissen Unsicherheit und

---

[125] *Ebd.*, 235: *AAS* 105 (2013), 1115.
[126] *Ebd.*

Furcht vor dem Anderen lieber Mauern errichtet, um sich zu schützen. Man kann jedoch nicht auf gesunde Weise lokal denken ohne eine aufrichtige und von Herzen kommende Offenheit für das Universale, ohne sich von dem, was anderswo geschieht, hinterfragen zu lassen, ohne sich von anderen Kulturen bereichern zu lassen oder sich mit den Nöten anderer Völker zu solidarisieren. Ein solch unguter Lokalpatriotismus ist zwanghaft auf einige wenige Ideen, Bräuche und Gewissheiten beschränkt. Er ist unfähig, die vielen Möglichkeiten und all das Schöne überall auf der Welt zu sehen, und es fehlt ihm an authentischer und großzügiger Solidarität. In dieser Form ist heimatverbundenes Leben nicht mehr empfänglich, es lässt sich von anderen nicht mehr ergänzen und schränkt sich so in seinen Entwicklungsmöglichkeiten ein, wird unbeweglich und krank. Denn in Wirklichkeit ist jede gesunde Kultur von Natur aus offen und einladend, ja, man kann sagen, dass »eine Kultur ohne universale Werte keine echte Kultur ist«.[127]

147. Wir stellen fest: Je weniger Weite ein Mensch in seinem Denken und Empfinden besitzt, desto weniger wird er in der Lage sein, die ihn unmittelbar umgebende Wirklichkeit zu deuten. Ohne die Beziehung und Auseinandersetzung mit denen, die anders sind, ist es schwie-

---

[127] JOHANNES PAUL II., *Ansprache an die Repräsentanten des Kulturlebens*, Buenos Aires, Argentinien (12. April 1987), 4: *L'Osservatore Romano* (dt.), Jg. 17 (1987), Nr. 26 (26. Juni 1987), S. 18.

rig, ein klares und vollständiges Wissen über sich selbst und das eigene Land zu erlangen, denn andere Kulturen sind keine Feinde, gegen die man sich verteidigen muss, sondern spiegeln auf verschiedene Weise den unerschöpflichen Reichtum menschlichen Lebens wider. Indem man sich selbst aus der Perspektive des anderen, des Fremden betrachtet, kann jeder die Eigenheiten der eigenen Person und Kultur besser erkennen: ihren Reichtum, ihre Möglichkeiten, aber auch ihre Grenzen. Die Erfahrung, die an einem Ort gemacht wird, kann sich nur „in Kontrast zu" und „in Übereinstimmung mit" den Erfahrungen anderer Menschen weiterentwickeln, die in anderen kulturellen Kontexten leben. [128]

148.   Tatsächlich steht eine gesunde Offenheit nie im Gegensatz zur eigenen Identität. Eine lebendige Kultur, die sich um neue Elemente fremder Herkunft bereichert, wird diese nie einfach nur kopieren oder wiederholen, sondern sie wird sich das Neue auf ihre Art und Weise zu eigen machen. Dies führt zur Entstehung einer neuen Synthese, die letztlich allen zugutekommt, da die Kultur, in der diese Beiträge ihren Ursprung haben, selbst davon profitiert. Deshalb habe ich die indigenen Völker aufgefordert, ihre angestammten Wurzeln und Kulturen zu bewahren, wollte zugleich aber auch klarstellen, dass es nicht meine Absicht war, »einen völlig geschlossenen, ahisto-

---

[128] Vgl. DERS., *Ansprache an die Kardinäle* (21. Dezember 1984), 4: *AAS* 76 (1984), 506.

rischen, statischen Indigenismus voranzutreiben, der jede Form der Vermischung ablehnt«, denn »die eigene kulturelle Identität wurzelt im Dialog mit denen, die anders sind, und wird durch ihn bereichert. Echte Bewahrung ist keine verarmende Isolation«.[129] Die Welt wächst und füllt sich jenseits jeder kulturellen Vereinnahmung aufgrund immer weiterer Synthesen verschiedener Kulturen mit neuer Schönheit.

149.   Um ein gesundes Verhältnis zwischen der Liebe zum eigenen Land und der inneren Verbundenheit mit der gesamten Menschheit zu fördern, ist es vielleicht hilfreich, sich daran zu erinnern, dass die „Weltgesellschaft" nicht einfach aus der Summe der verschiedenen Länder besteht, sondern dass sie vielmehr die Gemeinschaft selbst ist, die zwischen diesen besteht; sie ist die gegenseitige Inklusion, die der Entstehung der einzelnen Gruppierungen vorausgeht. Jede Gruppe von Menschen ist ein Teil dieses Geflechts universaler Gemeinschaft und findet dort zu ihrer je eigenen Schönheit. Daher weiß jeder Mensch, der in ein bestimmtes Gefüge hineingeboren wurde, dass er oder sie zu einer größeren Familie gehört, ohne die es nicht möglich ist, sich selbst wirklich zu verstehen.

150.   Letztlich erfordert dieser Ansatz, dass wir freudig akzeptieren, dass kein Volk, keine Kultur

---

[129] Nachsynodales Apostolisches Schreiben *Querida Amazonia* (2. Februar 2020), 37.

oder Person sich selbst genügen kann. Die anderen sind konstitutiv notwendig für den Aufbau eines erfüllten Lebens. Das Bewusstsein der eigenen Grenzen und der eigenen Begrenztheit wird, weit davon entfernt, eine Bedrohung zu sein, zum Schlüssel für die Vision und die Entwicklung gemeinsamer Projekte. Denn »der Mensch ist das Grenzwesen, das keine Grenze hat«.[130]

Aus der eigenen Region

151.   Dank des regionalen Austauschs, der den schwächeren Ländern einen Zugang zur ganzen Welt eröffnet, ist es möglich, dass sich deren Besonderheiten nicht in der Universalität auflösen. Eine angemessene und echte Weltoffenheit setzt die Fähigkeit voraus, sich dem Nächsten in einer Familie von Nationen zu öffnen. Die kulturelle, wirtschaftliche und politische Integration mit den umliegenden Völkern sollte von einem Bildungsprozess begleitet werden, der den Wert einer freundschaftlichen Nachbarschaft fördert, die eine erste unverzichtbare Übung zur Erlangung einer gesunden universalen Integration darstellt.

152.   In einigen ursprünglichen Gegenden ist der Geist der „Nachbarschaft" noch lebendig, wo sich jeder spontan verpflichtet fühlt, seinen

---

130 Georg Simmel, *Brücke und Tür. Essays des Philosophen zur Geschichte, Religion, Kunst und Gesellschaft*, hrsg. von Michael Landmann, Koehler-Verlag, Stuttgart 1957, S. 6.

Nachbarn zu begleiten und ihm beizustehen. An diesen Orten, die solche Gemeinschaftswerte bewahren, werden nachbarschaftliche Beziehungen gelebt, die geprägt sind von Unentgeltlichkeit, Solidarität und Gegenseitigkeit, die auf ein lokales Wir-Gefühl zurückgehen.[131] Es wäre wünschenswert, dass so etwas auch unter Nachbarländern gelebt werden könnte, die in der Lage sind, eine herzliche Nähe zwischen ihren Völkern aufzubauen. Aber individualistische Sichtweisen übertragen sich auf die Beziehungen zwischen den Ländern. Das Risiko eines Lebens in gegenseitiger Abschottung, weil man den anderen als Konkurrenten oder gefährlichen Feind betrachtet, wird auf die Beziehung zu den Völkern der Region übertragen. Vielleicht wurden wir in dieser Angst und diesem Misstrauen erzogen.

153.   Es gibt mächtige Länder und große Konzerne, die von dieser Isolation profitieren und es vorziehen, mit jedem Land einzeln zu verhandeln. Für kleine oder arme Länder gibt es jedoch die Alternative, regionale Vereinbarungen mit ihren Nachbarn zu treffen, die es ihnen ermöglichen, *en bloc* zu verhandeln und zu vermeiden, dass sie zu marginalen Segmenten werden, die von den Großmächten abhängig sind. Heute ist kein isolierter Nationalstaat in der Lage, das Gemeinwohl seiner Bevölkerung zu gewährleisten.

---

[131] Vgl. JAIME HOYOS-VÁSQUEZ SJ, *Lógica de las relaciones sociales. Reflexión ontológica*, in: *Revista Universitas Philosophica*, 15-16 (Dezember 1990 - Juni 1991), Bogotá 1991, S. 95-106.

FÜNFTES KAPITEL

DIE BESTE POLITIK

154. Um die Entwicklung einer weltweiten Gemeinschaft zu ermöglichen, in der eine Geschwisterlichkeit unter den die soziale Freundschaft lebenden Völkern und Nationen herrscht, braucht es die beste Politik im Dienst am wahren Gemeinwohl. Leider nimmt jedoch heute die Politik oftmals Formen an, die den Weg zu einer andersgearteten Welt behindern.

POPULISMUS UND LIBERALISMUS

155. Die Verachtung für Schwache kann sich hinter populistischen Formen verstecken, die sie demagogisch für ihre Zwecke benutzen, oder aber hinter liberalen Formen im Dienst an den wirtschaftlichen Interessen der Mächtigen. In beiden Fällen handelt es sich um die Schwierigkeit, sich eine offene Welt vorzustellen, in der es Platz für alle gibt, die Schwächsten miteingeschlossen, und in der die verschiedenen Kulturen respektiert werden.

Populär oder populistisch

156. In den letzten Jahren hat der Ausdruck „Populismus" oder „populistisch" die Kommu-

117

nikationsmittel und die Sprache insgesamt er-
obert. Damit verliert er den Wert, den er haben
könnte, und wird zu einer der Polaritäten der
gespaltenen Gesellschaft. Dies geht soweit, alle
Personen, Gruppen, Gesellschaften und Regierungen ausgehend von einer Schwarz-Weiß-Ein-
teilung klassifizieren zu wollen: „populistisch"
oder „nicht populistisch". Niemand kann sich
mehr zu irgendeinem Thema äußern, ohne dass
versucht wird, ihn einem dieser beiden Pole zu-
zuordnen, entweder um ihn ungerechterweise zu
diskreditieren oder um ihn auf übertriebene Weise zu verherrlichen.

157.   Der Anspruch, den Populismus als Inter-
pretationsschlüssel für die soziale Wirklichkeit
zu verwenden, hat eine weitere Schwäche: er vergisst die Legitimität des Volksbegriffs. Der Versuch, diese Kategorie aus dem Sprachgebrauch
verschwinden zu lassen, könnte dazu führen, das
Wort „Demokratie" – nämlich die „Herrschaft
des Volkes" – selbst auszulöschen. Aber der Begriff „Volk" ist notwendig, um auszusagen, dass
die Gesellschaft mehr ist als die bloße Summe
von Individuen. Tatsächlich gibt es soziale Phä-
nomene, welche die Mehrheiten strukturieren.
Es gibt Megatrends und gemeinschaftliche Bestrebungen; ferner kann man an gemeinsame
Ziele über die Differenzen hinaus denken, um
vereint ein geteiltes Projekt umzusetzen; schließlich ist es sehr schwierig, etwas Großes langfris-
tig zu planen, wenn man nicht erreicht, dass es

zu einem kollektiven Traum wird. All dies findet seinen Ausdruck im Substantiv „Volk" oder im Adjektiv „populär". Wenn man sie nicht verwenden würde – zusammen mit einer handfesten Kritik an der Demagogie –, würde man auf einen grundlegenden Aspekt der sozialen Wirklichkeit verzichten.

158. Es gibt nämlich ein Missverständnis. »Volk ist keine logische Kategorie, es ist auch keine mystische Kategorie in dem Sinne, dass alles, was das Volk tut, gut wäre oder dass das Volk eine engelsgleiche Kategorie wäre. Aber das ist falsch! Es ist bestenfalls eine mythische Kategorie. […] Wenn du erklärst, was ein Volk ist, dann benutzt du logische Kategorien, weil du es eben erklären musst: Natürlich, die braucht man. Aber dann erklärst du nicht, was das für ein Gefühl ist, zu einem Volk dazuzugehören. Das Wort „Volk" hat noch etwas an sich, das man nicht logisch erklären kann. Teil des Volkes zu sein heißt, Teil einer gemeinsamen Identität aus sozialen und kulturellen Bindungen zu sein. Und das geschieht nicht automatisch, im Gegenteil: es ist ein langsamer, schwieriger Prozess … auf ein gemeinsames Projekt zu«.[132]

[132] ANTONIO SPADARO SJ, *Die Spuren eines Hirten. Ein Gespräch mit Papst Franziskus*, in: PAPST FRANZISKUS, *Im Angesicht des Herrn. Gedanken über Freiheit, Hoffnung und Liebe*, Bd. 1, Herder, Freiburg i. Br. 2017, S. 24; vgl. Apostolisches Schreiben *Evangelii gaudium* (24. November 2013), 220-221: *AAS* 105 (2013), 1110-1111.

159. Es gibt volksnahe Anführer, die fähig sind, das Volksempfinden zu interpretieren wie auch seine kulturelle Dynamik und die großen Tendenzen einer Gesellschaft. Der Dienst, den sie durch das Zusammenführen und Leiten leisten, kann die Grundlage für ein dauerhaftes Projekt der Umwandlung und des Wachstums sein. Das schließt die Bereitschaft mit ein, auf der Suche nach dem Gemeinwohl zugunsten anderer auf seinen Posten zu verzichten. Aber dieser Dienst verkommt zu einem ungesunden Populismus, wenn er sich in die Fähigkeit verwandelt, Zustimmung zu erzielen, nur um unter welchen ideologischen Vorzeichen auch immer die Kultur des Volkes politisch zu instrumentalisieren, damit sie persönlichen Plänen und dem Machterhalt dient. Andere Male wird auf Popularitätsgewinn gezielt, indem die niedrigsten und egoistischen Neigungen einiger Gruppierungen der Gesellschaft geschürt werden. Dies ist noch schwerwiegender, wenn es in groben oder subtilen Formen zu einer Unterordnung der Institutionen und der Legalität führt.

160. Die geschlossenen populistischen Gruppen verzerren das Wort „Volk". Wovon sie reden, ist nämlich in Wirklichkeit kein echtes Volk. In der Tat ist die Kategorie „Volk" offen. Ein lebendiges, dynamisches Volk mit Zukunft ist jenes, das beständig offen für neue Synthesen bleibt, indem es in sich das aufnimmt, was verschieden ist. Dazu muss es sich nicht selbst ver-

leugnen, sondern bereit sein, in Bewegung gesetzt zu werden und sich der Diskussion zu stellen, erweitert zu werden, von anderen bereichert. Auf diese Weise kann es sich weiterentwickeln.

161. Eine weitere entartete Form der Führungsrolle im Volk ist die Suche nach dem unmittelbaren Interesse. Man antwortet auf Bedürfnisse des Volkes, um sich Stimmen oder Unterstützung zu sichern, aber ohne in einem mühsamen, kontinuierlichen Einsatz voranzuschreiten, der den Personen die Ressourcen für ihre Entwicklung bietet, um ihr Leben mit ihren Initiativen und ihrer Kreativität zu gestalten. In diesem Sinn habe ich klar zum Ausdruck gebracht, dass es »mir völlig [fernliegt], einen unverantwortlichen Populismus vorzuschlagen«.[133] Einerseits verlangt die Überwindung der sozialen Ungerechtigkeit, die Wirtschaft zu fördern und die Potentialitäten jeder Region Frucht bringen zu lassen und so eine nachhaltige soziale Gerechtigkeit zu gewährleisten.[134] Andererseits sollten »die Hilfsprojekte, die einigen dringlichen Erfordernissen begegnen, [...] nur als provisorische Maßnahmen angesehen werden«.[135]

162. Das große Thema ist die Arbeit. Das bedeutet wirklich volksnah – weil es das Wohl des

---

[133] Apostolisches Schreiben *Evangelii gaudium* (24. November 2013), 204: *AAS* 105 (2013), 1106.
[134] Vgl. *ebd.*, *AAS* 105 (2013), 1105-1106.
[135] *Ebd.*, 202: *AAS* 105 (2013), 1105.

Volkes fördert –, wenn allen die Möglichkeit garantiert wird, die Samen aufkeimen zu lassen, die Gott in jeden hineingelegt hat, seine Fähigkeiten, seine Initiative, seine Kräfte. Dies ist die beste Hilfe für einen Armen, der beste Weg zu einer würdigen Existenz. Daher möchte ich betonen: »Den Armen mit Geld zu helfen muss in diesem Sinn immer eine provisorische Lösung sein, um den Dringlichkeiten abzuhelfen. Das große Ziel muss immer sein, ihnen mittels Arbeit ein würdiges Leben zu ermöglichen«.[136] Auch wenn sich die Produktionssysteme verändern, darf die Politik nicht auf das Ziel einer Gesellschaftsorganisation verzichten, die es jeder Person ermöglicht, sich mit ihren Fähigkeiten und Initiativen einzubringen. Denn es »existiert keine schlimmere Armut als die, welche dem Menschen die Arbeit und die Würde der Arbeit nimmt«.[137] In einer wirklich entwickelten Gesellschaft ist die Arbeit eine unverzichtbare Dimension des gesellschaftlichen Lebens, weil sie nicht nur eine Art ist, sich das Brot zu verdienen, sondern auch ein Weg zum persönlichen Wachstum, um gesunde Beziehungen aufzubauen, um sich selbst auszudrücken, um Gaben zu teilen, um sich mitverantwortlich für die Vervollkommnung der Welt zu fühlen und um schließlich als Volk zu leben.

---

[136] Enzyklika *Laudato si'* (24. Mai 2015), 128: *AAS* 107 (2015), 898.

[137] *Ansprache an die Mitglieder des beim Heiligen Stuhl akkreditierten Diplomatischen Korps* (12. Januar 2015): *AAS* (107) (2015), 165; vgl. *Ansprache an die Teilnehmer des Internationalen Treffens der Volksbewegungen* (28. Oktober 2014): *AAS* 106 (2014), 851-859.

163.   Die Kategorie des Volkes mit ihrer positiven Wertung der gemeinschaftlichen und kulturellen Bindungen wird für gewöhnlich von den liberalen individualistischen Visionen abgelehnt, innerhalb derer die Gesellschaft als eine bloße Summe von koexistierenden Interessen betrachtet wird. Sie sprechen von der Achtung der Freiheit, aber ohne die Wurzel eines gemeinsamen sprachlichen Hintergrunds. In bestimmten Kontexten wird oftmals des Populismus bezichtigt, wer aller die Rechte der Schwächsten in der Gesellschaft verteidigt. Für diese Sichtweisen ist die Kategorie des Volkes eine Mythologisierung von etwas, was es in Wirklichkeit nicht gibt. Aber hier entsteht eine unnötige Polarisierung: weder jene des Volkes noch jene des Nächsten sind rein mythische oder romantische Kategorien, welche die gesellschaftliche Organisation, die Wissenschaft und die Institutionen der Zivilgesellschaft ausschließen oder verachten.[138]

164.   Die Liebe vereint beide Dimensionen – die mythische und die institutionelle –, weil sie einen wirksamen Weg der Verwandlung der Geschichte beinhaltet, der vorwiegend alles miteinbeziehen muss: die Institutionen, das Recht, die Technik, die Erfahrung, professionelle Unterstützung, wissenschaftliche Analyse, die Ver-

---

[138] Etwas Ähnliches kann man über die biblische Kategorie des „Reiches Gottes" sagen.

waltungsprozesse. In der Tat gibt es »kein Privatleben, wenn es nicht von einer öffentlichen Ordnung geschützt wird; ein Heim besitzt keine Behaglichkeit, wenn es nicht unter dem Schutz des Gesetzes steht und sich auf stabile Verhältnisse stützen kann, die auf dem Gesetz und der Staatsgewalt gründen und einen Mindestwohlstand antreffen, der von der Arbeitsteilung, von den Handelsbeziehungen, von der sozialen Gerechtigkeit und dem politischen Bürgersinn gesichert wird«.[139]

165.   Die wahre Liebe ist fähig, all dies in ihr Engagement einzuschließen. Auch wenn sie sich in der Begegnung von Person zu Person ausdrücken muss, so kann sie dennoch einen entfernten Bruder oder eine gar vergessene Schwester durch die verschiedenen Ressourcen erreichen, die die Institutionen einer organisierten, freien und kreativen Gesellschaft schaffen können. So brauchte zum Beispiel auch der barmherzige Samariter ein Gasthaus zur Unterstützung, weil er es momentan nicht allein schaffen konnte. Die Nächstenliebe ist realistisch und verschleudert nichts von dem, was für eine Verwandlung der Geschichte nötig ist, die auf das Wohl der Letzten ausgerichtet ist. Andererseits gibt es zuweilen linke Ideologien oder soziale Doktrinen, die mit individualistischen Gewohnheiten und unwirksamen Vorgehensweisen einhergehen und nur wenige

---

[139] PAUL RICŒUR, *Histoire et vérité*, Le Seuil, Paris 1967, S. 122.

erreichen. In der Zwischenzeit bleibt das Gros der Verlassenen dem eventuellen guten Willen von Einzelnen ausgeliefert. Dies zeigt, dass nicht nur eine Spiritualität der Geschwisterlichkeit wachsen muss, sondern zugleich eine weltweite wirksamere Organisation zur Lösung der drängenden Probleme der Verlassenen, die in den armen Ländern leiden und sterben. Dies schließt wiederum ein, dass es nicht nur einen möglichen Ausweg gibt, eine einzig annehmbare Methode, ein wirtschaftliches Rezept, das gleichermaßen auf alle angewendet werden kann, und es setzt voraus, dass auch die rigoroseste Wissenschaft verschiedene Wege aufzeigen kann.

166.   All dies wäre aber nur Flickwerk, wenn wir die Unverzichtbarkeit eines Wandels im Herzen der Menschen, in den Gewohnheiten und den Lebensstilen vergessen. Dies geschieht, wenn politische Propaganda, Medien und die öffentlichen Meinungsmacher angesichts der ökonomischen Interessen ohne Regeln und der Organisation der Gesellschaften im Dienst an den bereits zu mächtigen weiterhin eine individualistische, naive Kultur fördern. Daher bedeutet meine Kritik am technokratischen Paradigma nicht, dass wir nur durch die Kontrolle der Exzesse sicher sein können. Die größte Gefahr besteht vielmehr nicht in den Sachen, in den materiellen Wirklichkeiten, in den Organisationen, sondern in der Art und Weise, in der die Menschen sie benützen. Das Problem ist die menschliche Schwach-

heit, die beständige menschliche Tendenz zum Egoismus, der Teil dessen ist, was die christliche Tradition „Begierlichkeit" nennt: die Neigung des Menschen, sich in der Immanenz des eigenen Ichs zu verschließen, seiner Gruppe, seiner armseligen Interessen. Diese Begierlichkeit ist kein Fehler unserer Epoche. Sie gibt es, seit der Mensch existiert. Sie wandelt sich einfach und nimmt im Lauf der Jahrhunderte verschiedene Formen an, indem sie die Werkzeuge verwendet, die ihr der historische Augenblick zur Verfügung stellt. Aber mit Gottes Hilfe ist es möglich, sie zu beherrschen.

167. Der Einsatz für Bildung, die Entwicklung solidarischer Haltungen, die Fähigkeit, das menschliche Leben ganzheitlicher zu begreifen, die spirituelle Tiefe sind notwendig, um den menschlichen Beziehungen Qualität zu verleihen, damit die Gesellschaft selbst auf ihre Ungerechtigkeiten, Verirrungen sowie Machtmissbräuche in wirtschaftlichen, technologischen, politischen und medialen Bereichen reagieren kann. Es gibt liberale Sichtweisen, die diesen Faktor der menschlichen Zerbrechlichkeit übersehen und sich eine Welt vorstellen, die einer bestimmten Ordnung folgt und fähig ist, aus sich selbst heraus die Zukunft und die Lösung aller Probleme zu garantieren.

168. Der Markt allein löst nicht alle Probleme, auch wenn man uns zuweilen dieses Dogma des neoliberalen Credos glaubhaft machen will. Es

handelt sich um eine schlichte, gebetsmühlenartig wiederholte Idee, die vor jeder aufkeimenden Herausforderung immer die gleichen Rezepte herauszieht. Der Neoliberalismus regeneriert sich immer wieder neu auf identische Weise, indem er – ohne sie beim Namen zu nennen – auf die magische Vorstellung des *Spillover* oder die *Trickle-down-Theorie* als einzige Wege zur Lösung der gesellschaftlichen Probleme zurückgreift. Man sieht nicht, dass die vorgebliche Neuverteilung nicht die soziale Ungerechtigkeit aufhebt, die ihrerseits Quelle neuer Formen von Gewalt ist, die das gesellschaftliche Gefüge bedrohen. Einerseits ist eine aktive Wirtschaftspolitik unverzichtbar, die darauf ausgerichtet ist »eine Wirtschaft zu fördern, welche die Produktionsvielfalt und die Unternehmerkreativität begünstigt«,[140] damit es möglich ist, die Anzahl von Arbeitsplätzen zu erhöhen, anstatt sie zu senken. Eine Finanzspekulation mit billigem Gewinn als grundlegendem Ziel richtet weiter Unheil an. Andererseits kann der Markt »ohne solidarische und von gegenseitigem Vertrauen geprägte Handlungsweisen in seinem Inneren die ihm eigene wirtschaftliche Funktion nicht vollkommen erfüllen. Heute ist dieses Vertrauen verlorengegangen«.[141] Damit hat die Geschichte nicht aufgehört, und die dogmatischen Rezepte der herrschenden Wirtschafts-

---

[140] Enzyklika *Laudato si'* (24. Mai 2015), 129: *AAS* 107 (2015), 899.
[141] BENEDIKT XVI., Enzyklika *Caritas in veritate* (29. Juni 2009), 35: *AAS* 101 (2009), 670.

theorie haben sich als fehlbar erwiesen. Die Zerbrechlichkeit der weltweiten Systeme angesichts der Pandemie hat gezeigt, dass nicht alles durch den freien Markt gelöst werden kann und dass – über die Rehabilitierung einer gesunden Politik hinaus, die nicht dem Diktat der Finanzwelt unterworfen ist – wir »die Menschenwürde wieder in den Mittelpunkt stellen müssen. Auf diesem Grundpfeiler müssen die sozialen Alternativen erbaut sein, die wir brauchen.«[142]

169. In einigen kleinkarierten und monochromatischen Wirtschaftstheorien scheinen zum Beispiel die Volksbewegungen keinen Platz zu finden, welche Arbeitslose, Arbeitnehmer in prekären Arbeitsverhältnissen und viele andere, die nicht einfach in die vorgegebenen Kanäle passen, versammeln. In Wirklichkeit initiieren sie verschiedene Formen von Volkswirtschaft und gemeinschaftlicher Produktion. Es ist notwendig, die gesellschaftliche, politische und wirtschaftliche Partizipation in einer Weise zu konzipieren, »die die Volksbewegungen mit einschließen und die lokalen, nationalen und internationalen Regierungsstrukturen mit jenem Strom moralischer Energie beleben, der der Miteinbeziehung der Ausgeschlossenen in den Aufbau unseres gemeinsamen Schicksals entspringt.« Zugleich ist es gut, dafür zu sorgen, »dass diese Bewegungen, diese Erfahrungen der Solidarität, die von

[142] *Ansprache an die Teilnehmer des Internationalen Treffens der Volksbewegungen* (28. Oktober 2014): *AAS* 106 (2014), 858.

der Basis – sozusagen vom „Untergeschoss" des Planeten Erde – ausgehen, zusammenfließen, koordinierter [sind] und sich austauschen«.[143] Dies muss jedoch geschehen, ohne ihren charakteristischen Stil zu verraten, weil sie »Sämänner der Veränderung sind, Förderer eines Prozesses, in den Millionen großer und kleiner Aktionen einfließen, die kreativ miteinander verbunden sind, wie in einem Gedicht.«[144] In diesem Sinn sind sie „soziale Poeten", die auf ihre Weise arbeiten, vorschlagen, fördern und befreien. Mit ihnen wird eine ganzheitliche menschliche Entwicklung möglich. Sie erfordert die Überwindung jener »Vorstellung von einer Sozialpolitik, die verstanden wird als eine Politik „gegenüber" den Armen, aber nie „mit" den Armen, die nie die Politik „der" Armen ist und schon gar nicht in einen Plan integriert ist, der die Völker wieder miteinander vereint«.[145] Auch wenn sie unbequem sind, auch wenn einige „Theoretiker" nicht wissen, wie sie einzuordnen sind, so muss man doch den Mut haben anzuerkennen: Ohne sie »verkümmert die Demokratie, wird sie zum Nominalismus, zur Formalität, verliert sie ihre Repräsentativität, wird sie entleiblicht, weil sie das Volk außen vor lässt in seinem Kampf um die Würde, beim Aufbau seines Schicksals.«[146]

[143] *Ebd.*
[144] *Ansprache an die Teilnehmer des Internationalen Treffens der Volksbewegungen* (5. November 2016): *L'Osservatore Romano* (dt.), Jg. 46 (2016), Nr. 47 (25. November 2016), S. 8.
[145] *Ebd.*, S. 9.
[146] *Ebd.*

170.   Ich erlaube mir zu wiederholen: »Die Fi-
nanzkrise von 2007-2008 war eine Gelegenheit
für die Entwicklung einer neuen, gegenüber den
ethischen Grundsätzen aufmerksameren Wirtschaft und für eine Regelung der spekulativen Fi-
nanzaktivität und des fiktiven Reichtums. Doch
es gab keine Reaktion, die dazu führte, die ver-
alteten Kriterien zu überdenken, die weiterhin
die Welt regieren«.[147] Im Gegenteil, es scheint,
dass die tatsächlichen Strategien, die sich im
Anschluss daran weltweit entwickelt haben, auf
mehr Individualismus und weniger Integration
zielten, auf mehr Freiheit für die wahren Mächtigen, die immer ein Hintertürchen finden.

171.   Ich möchte auf dieser Tatsache bestehen:
»Jedem das Seine zu geben – gemäß der klassischen Definition von Gerechtigkeit – bedeutet,
dass weder eine Einzelperson noch eine Menschengruppe sich als allmächtig betrachten darf,
dazu berechtigt, über die Würde und die Rechte
der anderen Einzelpersonen oder ihrer gesellschaftlichen Gruppierungen hinwegzugehen.
Die faktische Verteilung der Macht (vor allem
auf dem Gebiet von Politik, Wirtschaft, Verteidigung, Technologie) unter vielen verschiedenen
Personen und die Schaffung eines rechtlichen
Systems zur Regelung der Ansprüche und Inte-

---

[147] Enzyklika *Laudato si'* (24. Mai 2015), 189: *AAS* 107
(2015), 922.

ressen konkretisiert die Begrenzung der Macht. Ein weltweiter Überblick zeigt uns jedoch heute viele Scheinrechte und zugleich große schutzlose Bereiche, die vielmehr Opfer einer schlechten Ausübung der Macht sind«.[148]

172.   Das 21. Jahrhundert ist »Schauplatz eines Machtschwunds der Nationalstaaten, vor allem weil die Dimension von Wirtschaft und Finanzen, die transnationalen Charakter besitzt, tendenziell die Vorherrschaft über die Politik gewinnt. In diesem Kontext wird es unerlässlich, stärkere und wirkkräftig organisierte internationale Institutionen zu entwickeln, die Befugnisse haben, die durch Vereinbarung unter den nationalen Regierungen gerecht bestimmt werden, und mit der Macht ausgestattet sind, Sanktionen zu verhängen«.[149] Wenn von der Möglichkeit einer Form von politischer Weltautorität die Rede ist, die sich dem Recht unterordnet,[150] so ist dabei nicht notwendigerweise an eine personale Autorität zu denken. Sie müsste zumindest die Schaffung von wirksameren Weltorganisationen vorsehen, die mit der Autorität ausgestattet sind, die Beseitigung von Hunger und Elend und die feste Verteidigung der grundlegenden Menschenrechte zu gewährleisten.

---

[148] *Ansprache an die Mitglieder der UN-Generalversammlung,* New York (25. September 2015): *AAS* 107 (2015), 1037.

[149] Enzyklika *Laudato si'* (24. Mai 2015), 175: *AAS* 107 (2015), 916-917.

[150] Vgl. Benedikt XVI., Enzyklika *Caritas in veritate* (29. Juni 2009), 67: *AAS* 101 (2009), 700-701.

173. In diesem Zusammenhang erinnere ich daran, dass eine »Reform sowohl der Organisation der Vereinten Nationen als auch der internationalen Wirtschafts- und Finanzgestaltung« notwendig ist, »damit dem Konzept einer Familie der Nationen reale und konkrete Form gegeben werden kann.«[151] Zweifelsohne setzt dies genaue rechtliche Maßgaben voraus, um zu vermeiden, dass es sich um eine nur von einigen Ländern berufene Autorität handelt. Ebenso gilt es, die Aufoktroyierung einer bestimmten Kultur oder die Einschränkung der Grundfreiheiten der ärmsten Nationen aufgrund ideologischer Differenzen zu verhindern. Denn »die internationale Gemeinschaft ist eine Rechtsgemeinschaft, die auf der Souveränität jedes Mitgliedsstaates beruht, dessen Unabhängigkeit nicht durch Bande der Unterordnung negiert oder eingeschränkt wird«.[152] Aber »das Werk der Vereinten Nationen kann – angefangen von den Postulaten der Präambel und der ersten Artikel ihrer Charta – als die Entwicklung und Förderung der Souveränität des Rechtes angesehen werden, da die Gerechtigkeit bekanntlich eine unerlässliche Voraussetzung ist, um das Ideal der universalen Brüderlichkeit zu erreichen [...] [Es] muss die unangefochtene Herrschaft des Rechtes sichergestellt werden sowie der unermüdliche Rückgriff auf die Verhandlung, die guten Dienste und auf das Schiedsverfahren, wie es in der *Charta der*

---

[151] *Ebd.*, 67: *AAS* 101 (2009), 700.
[152] PÄPSTLICHER RAT FÜR GERECHTIGKEIT UND FRIEDEN, *Kompendium der Soziallehre der Kirche*, 434.

Vereinten Nationen, einer wirklich grundlegenden Rechtsnorm, vorgeschlagen wird«.[153] Es muss vermieden werden, dass dieser Organisation die Legitimation entzogen wird, denn ihre Probleme und Mängel können nur gemeinsam angegangen und gelöst werden.

174.   Es braucht Mut und Großherzigkeit, um frei bestimmte gemeinsame Ziele festzulegen und die weltweite Erfüllung einiger wesentlicher Normen sicherzustellen. Damit dies wirklich von Nutzen ist, muss »die Forderung, unterschriebene Verträge einzuhalten (*pacta sunt servanda*)«,[154] aufrecht erhalten werden, um der Versuchung zu widerstehen, »lieber auf das *Recht des Stärkeren* als auf die *Kraft des Rechtes* zu setzen«.[155] Dies verlangt die Stärkung der »normativen Mittel zur friedlichen Lösung von Konflikten […] mit einer größeren Reichweite und Verbindlichkeit«.[156] Unter diesen normativen Werkzeugen sollen die multilateralen Abkommen zwischen den Staaten begünstigt werden, weil sie besser als die bilateralen Abkommen die Sorge um ein wirklich universales Gemeinwohl und den Schutz der schwächsten Staaten gewährleisten.

---

[153] *Ansprache an die Mitglieder der UN-Generalversammlung*, New York (25. September 2015): *AAS* 107 (2015), 1037.1041.
[154] PÄPSTLICHER RAT FÜR GERECHTIGKEIT UND FRIEDEN, *Kompendium der Soziallehre der Kirche*, 437.
[155] JOHANNES PAUL II., *Botschaft zum 37. Weltfriedenstag am 1. Januar 2004* (8. Dezember 2003), 5: *AAS* 96 (2004), 117.
[156] PÄPSTLICHER RAT FÜR GERECHTIGKEIT UND FRIEDEN, *Kompendium der Soziallehre der Kirche*, 439.

175. Gott sei Dank helfen viele Vereinigungen und Organisationen der Zivilgesellschaft, die Schwächen der internationalen Gemeinschaft, ihren Mangel an Koordination in komplexen Situationen, ihr Fehlen an Aufmerksamkeit für die grundlegenden Menschenrechte und für äußerst kritische Situationen einiger Gruppen auszugleichen. So findet das Subsidiaritätsprinzip einen konkreten Ausdruck. Es gewährleistet die Teilnahme und die Tätigkeit der Gemeinschaften und Organisationen auf niedrigerer Ebene, welche die Tätigkeit des Staates ergänzen. Oftmals bringen sie im Einsatz für das Gemeinwohl lobenswerte Bemühungen voran, und manche Mitglieder vollbringen wahrhaft heldenhafte Taten, die zeigen, zu wie viel Schönheit unsere Menschheit noch fähig ist.

Eine soziale und politische Liebe

176. Für viele ist die heutige Politik ein Schimpfwort, und es ist nicht zu übersehen, dass hinter dieser Tatsache oft Fehler, Korruption und Ineffizienz mancher Politiker stehen. Hierzu kommen noch Strategien, die darauf abzielen, die Politik zu schwächen, sie durch die Wirtschaft zu ersetzen oder sie mit einer Ideologie zu beherrschen. Und dennoch, kann die Welt ohne Politik funktionieren? Kann sie ohne eine gute Politik einen effektiven Weg zur allgemeinen Geschwisterlichkeit und zum gesellschaftlichen Frieden finden?[157]

[157] Vgl. Sozialkommission der Bischöfe Frankreichs,

Die Politik, derer es bedarf

177. Ich darf betonen: »Die Politik darf sich nicht der Wirtschaft unterwerfen, und diese darf sich nicht dem Diktat und dem effizienzorientierten Paradigma der Technokratie unterwerfen.«[158] Auch wenn man Machtmissbrauch, Korruption, Gesetzesübertretung und Ineffizienz bekämpfen muss, kann man »nicht eine Wirtschaft ohne Politik rechtfertigen – sie wäre unfähig, eine andere Logik zu begünstigen, die die verschiedenen Aspekte der gegenwärtigen Krise lenken könnte.«[159] Im Gegenteil, »wir brauchen eine Politik, deren Denken einen weiten Horizont umfasst und die einem neuen, ganzheitlichen Ansatz zum Durchbruch verhilft, indem sie die verschiedenen Aspekte der Krise in einen interdisziplinären Dialog aufnimmt«.[160] Ich denke an eine »solide Politik [...], die die Institutionen zu reformieren und zu koordinieren vermag und die auch deren Betrieb ohne Pressionen und lasterhafte Trägheit gewährleistet«.[161] Das kann man nicht von der Wirtschaft verlangen und man kann auch nicht akzeptieren, dass diese die wirkliche Staatsgewalt übernimmt.

178. Angesichts vieler Formen armseliger Politik, die auf das unmittelbare Interesse ausgerich-

Erklärung *Réhabiliter la politique* (17. Februar 1999).
[158] Enzyklika *Laudato si'* (24. Mai 2015), 189: *AAS* 107 (2015), 922.
[159] *Ebd.*, 196: *AAS* 107 (2015), 925.
[160] *Ebd.*, 197: *AAS* 107 (2015), 925.
[161] *Ebd.*, 181: *AAS* 107 (2015), 919.

tet sind, zeigt sich »die politische Größe [...], wenn man in schwierigen Momenten nach bedeutenden Grundsätzen handelt und dabei an das langfristige Gemeinwohl denkt. Diese Pflicht in einem Projekt der Nation auf sich zu nehmen, kostet die politische Macht einen hohen Preis«;[162] dies umso mehr in einem gemeinsamen Projekt für die gegenwärtige und zukünftige Menschheit. An die zukünftige Generation zu denken, dient nicht zu Wahlzwecken. Es ist aber der Anspruch einer authentischen Gerechtigkeit, weil, wie die Bischöfe Portugals gelehrt haben, die Erde »eine Leihgabe ist, die jede Generation empfängt und der nachfolgenden Generation weitergeben muss«.[163]

179.   Die weltweite Gesellschaft weist schwerwiegende strukturelle Mängel auf, die nicht durch Zusammenflicken oder bloße schnelle Gelegenheitslösungen behoben werden. Es gibt Dinge, die durch neue Grundausrichtungen und bedeutende Verwandlungen verändert werden müssen. Nur eine gesunde Politik könnte hier die Führungsrolle übernehmen und dabei die verschiedensten Sektoren und die unterschiedlichsten Wissensbereiche einbeziehen. So kann eine Wirtschaft, die sich in ein politisches, soziales, kulturelles und vom Volk her kommendes Projekt für das Gemeinwohl einfügt, »den Weg

---

[162] *Ebd.*, 178: *AAS* 107 (2015), 918.
[163] PORTUGIESISCHE BISCHOFSKONFERENZ, Hirtenbrief *Responsabilidade solidária pelo bem comum* (15. September 2003), 20; vgl. Enzyklika *Laudato si'*, 159: *AAS* 107 (2015), 911.

für andere Möglichkeiten [eröffnen], die nicht etwa bedeuten, die Kreativität des Menschen und seinen Sinn für Fortschritt zu bremsen, sondern diese Energie auf neue Anliegen hin auszurichten«.[164]

Die politische Liebe

180.   Es ist keine pure Utopie, jeden Menschen als Bruder oder Schwester anerkennen zu wollen und eine soziale Freundschaft zu suchen, die alle integriert. Dazu braucht es Entschiedenheit und die Fähigkeit, wirksame Wege zu finden, die sie real möglich machen. Jegliches Bemühen in diese Richtung wird zu einer anspruchsvollen Ausübung der Nächstenliebe. Denn ein Einzelner kann einer bedürftigen Person helfen, aber wenn er sich mit anderen verbindet, um gesellschaftliche Prozesse zur Geschwisterlichkeit und Gerechtigkeit für alle ins Leben zu rufen, tritt er in »das Feld der umfassenderen Nächstenliebe, der politischen Nächstenliebe ein«.[165] Es geht darum, zu einer gesellschaftlichen und politischen Ordnung zu gelangen, deren Seele die gesellschaftliche Nächstenliebe ist.[166] Nochmals lade ich dazu ein, die Politik neu zu bewerten, die eine »sehr

---

[164] Enzyklika *Laudato si'* (24. Mai 2015), 191: *AAS* 107 (2015), 923.

[165] Pius XI., *Ansprache an die „Federazione Universitaria Cattolica Italiana" (FUCI)* (18. Dezember 1927): *L'Osservatore Romano* (23. Dezember 1927), 3.

[166] Vgl. DERS., Enzyklika *Quadragesimo anno* (15. Mai 1931), 89: *AAS* 23 (1931), 206.

hohe Berufung [ist], [...] eine der wertvollsten Formen der Nächstenliebe, weil sie das Gemeinwohl anstrebt«.[167]

181. Jeder von der Soziallehre der Kirche inspirierte Einsatz geht »aus der Liebe hervor, die nach den Worten Jesu die Zusammenfassung des ganzen Gesetzes ist (vgl. *Mt* 22, 36-40)«.[168] Dies verlangt anzuerkennen, dass »die Liebe voller kleiner Gesten gegenseitiger Achtsamkeit auch das bürgerliche und das politische Leben betrifft und sich bei allen Gelegenheiten zeigt, die zum Aufbau einer besseren Welt beitragen«.[169] Daher drückt sich die Liebe nicht nur in vertrauten und engen Beziehungen aus, sondern auch in »Makro-Beziehungen – in gesellschaftlichen, wirtschaftlichen und politischen Zusammenhängen«.[170]

182. Diese politische Nächstenliebe schließt ein, einen gesellschaftlichen Sinn entwickelt zu haben, der jede individualistische Mentalität überwindet: »Die soziale Liebe lässt uns das Gemeinwohl lieben und auf wirkungsvolle Weise das Wohl aller Personen anstreben, die

---

[167] Apostolisches Schreiben *Evangelii gaudium* (24. November 2013), 205: *AAS* 105 (2013), 1106.

[168] BENEDIKT XVI., Enzyklika *Caritas in veritate* (29. Juni 2009), 2: *AAS* 101 (2009), 642.

[169] Enzyklika Laudato si' (24. Mai 2015), 231: AAS 107 (2015), 937.

[170] BENEDIKT XVI., Enzyklika *Caritas in veritate* (29. Juni 2009), 2: *AAS* 101 (2009), 642.

nicht nur als Individuen, sondern auch in der sozialen Dimension betrachtet werden, die sie vereint«.[171] Jeder ist dann wirklich eine Person, wenn er zu einem Volk gehört, und gleichzeitig gibt es kein wahres Volk ohne Respekt vor dem Angesicht jeder Person. Volk und Person sind korrelative Begriffe. Heute jedoch maßt man sich an, Personen auf Individuen zu reduzieren, die leicht von Mächten beherrscht werden, die auf unrechtmäßige Interessen abzielen. Eine gute Politik sucht nach Wegen zum Aufbau von Gemeinschaften auf verschiedenen Ebenen des gesellschaftlichen Lebens, um so die Globalisierung wieder auszugleichen und neu zu orientieren und ihre zersetzenden Auswirkungen zu vermeiden.

Wirksame Liebe

183.   Ausgehend von der »sozialen Liebe«[172] ist es möglich, zu einer Zivilisation der Liebe voranzuschreiten, zu der wir uns alle berufen fühlen können. Die Liebe kann mit ihrer universalen Dynamik eine neue Welt aufbauen,[173] weil sie nicht ein unfruchtbares Gefühl ist, sondern vielmehr das beste Mittel, um wirksame Entwicklungsmöglichkeiten für alle zu finden. Die soziale

---

[171] PÄPSTLICHER RAT FÜR GERECHTIGKEIT UND FRIEDEN, *Kompendium der Soziallehre der Kirche*, 207.

[172] JOHANNES PAUL II., Enzyklika *Redemptor hominis* (4. März 1979), 16: *AAS* 71 (1979), 289.

[173] Vgl. PAUL VI., Enzyklika *Populorum progressio* (26. März 1967), 44: *AAS* 59 (1967), 279.

Liebe ist eine »Kraft [...], die neue Wege eröffnen kann, um den Problemen der heutigen Welt zu begegnen und Strukturen, soziale Organisationen und Rechtsordnungen von innen heraus und von Grund auf zu erneuern.«[174]

184.   Die Liebe ist das Herzstück jedes gesunden und nicht ausgrenzenden Gesellschaftslebens. Doch wird sie heutzutage »leicht als unerheblich für die Interpretation und die Orientierung der moralischen Verantwortung erklärt«.[175] Wenn sie sich zur Wahrheit verpflichtet, um nicht einfaches »Opfer der zufälligen Gefühle und Meinungen der Einzelnen«[176] zu sein, ist sie viel mehr als eine subjektive Sentimentalität. Gerade ihre Beziehung zur Wahrheit begünstigt die Universalität der Liebe und bewahrt sie so davor, »in einen begrenzten und privaten Bereich von Beziehungen verbannt«[177] zu werden. Sonst wird sie »aus den Planungen und den Prozessen zum Aufbau einer menschlichen Entwicklung von umfassender Tragweite – im Dialog zwischen Wissen und Praxis [...] ausgeschlossen«.[178] Ohne die Wahrheit fehlen der menschlichen Emotivität die relationalen und sozialen Komponenten. Daher schützt die

---

[174] Päpstlicher Rat für Gerechtigkeit und Frieden, *Kompendium der Soziallehre der Kirche*, 207.
[175] Benedikt XVI., Enzyklika *Caritas in veritate* (29. Juni 2009), 2: *AAS* 101 (2009), 642.
[176] *Ebd.*, 3: *AAS* 101 (2009), 643.
[177] *Ebd.*, 4: *AAS* 101 (2009), 643.
[178] *Ebd.*

Öffnung auf die Wahrheit hin die Liebe vor einem falschen Glauben, »der ihr die menschliche und universelle Weite nimmt«.[179]

185.   Die Liebe bedarf des Lichts der Wahrheit, die wir beständig suchen, und diese »ist das Licht der Vernunft wie auch des Glaubens«,[180] ohne Relativismen. Dies impliziert auch die Entwicklung der Wissenschaften und ihren unersetzlichen Beitrag, um konkrete und sichere Wege zum Erzielen der erhofften Ergebnisse zu finden. Wenn nämlich das Wohl der anderen auf dem Spiel steht, genügen nicht gute Absichten, sondern es muss darum gehen, wirksam das zu erlangen, was sie und ihre Nationen zur Selbstverwirklichung benötigen.

DIE TÄTIGKEIT DER POLITISCHEN LIEBE

186.   Es gibt eine sogenannte Liebe „aus innerem Verlangen": Das sind die Akte, die direkt aus der Tugend der Liebe hervorgehen und sich auf Personen oder Völker richten. Es gibt sodann eine „gebotene" Liebe: Das sind jene Akte der Liebe, die dazu anspornen, bessere Institutionen zu schaffen, gerechtere Ordnungen, solidarischere Strukturen.[181] Daraus folgt: »Ein ebenso un-

---

[179] *Ebd.*, 3: *AAS* 101 (2009), 643.
[180] *Ebd.*, 3: *AAS* 101 (2009), 642.
[181] Die katholische Morallehre folgt hier Thomas von Aquin, der zwischen dem „actus elicitus" und dem „actus imperatus" unterscheidet (vgl. *Summa Theologiae*, I-II, q. 8-17; MARCELLINO ZALBA SJ, *Theologiae moralis summa. Theologia moralis*

verzichtbarer Akt der Liebe ist das Engagement, das darauf ausgerichtet ist, die Gesellschaft so zu organisieren und zu strukturieren, dass der Nächste nicht im Elend leben muss«.[182] Es ist Liebe, einer leidenden Person nahe zu sein; aber auch all das ist Liebe, was man ohne direkten Kontakt mit dieser Person zur Veränderung der gesellschaftlichen Bedingungen, die ihr Leiden verursachen, tut. Während jemand einem älteren Menschen hilft, einen Fluss zu überqueren – und das ist wahre Liebe –, so erbaut der Politiker ihm eine Brücke, und auch dies ist Liebe. Während jemand einem anderen hilft, indem er ihm zu essen gibt, so schafft der Politiker für ihn einen Arbeitsplatz und übt eine sehr hochstehende Form der Liebe, die sein politisches Handeln veredelt.

Die Opfer der Liebe

187. Diese Nächstenliebe, die das geistige Herzstück der Politik ist, ist eine Liebe, die den Letzten den Vorzug gibt, und die hinter jeder Handlung steht, die zu ihren Gunsten vollzogen wird.[183] Nur mit einem durch die Liebe geweiteten Blick, der die Würde des anderen wahr-

fundamentalis. Tractatus de virtutibus theologicis, BAC, Madrid 1952, Bd. 1, 69; ANTONIO ROYO MARÍN, Teología de la perfección cristiana, BAC, Madrid 1962, 192-196).

[182] PÄPSTLICHER RAT FÜR GERECHTIGKEIT UND FRIEDEN, Kompendium der Soziallehre der Kirche, 208.

[183] Vgl. JOHANNES PAUL II., Enzyklika Sollicitudo rei socialis (30. Dezember 1987), 42: AAS 80 (1988), 572-574; DERS., Enzyklika Centesimus annus (1. Mai 1991), 11: AAS 83 (1991), 806-807.

nimmt, können die Armen in ihrer unfassbaren Würde erkannt und mit ihrem eigenen Stil und ihrer Kultur geschätzt werden, und so wirklich in die Gesellschaft integriert werden. Ein solcher Blick ist der Kern des authentischen Geistes der Politik. Die Wege, die sich von da aus auftun, sind nicht die eines seelenlosen Pragmatismus. Zum Beispiel »lässt sich der Skandal der Armut nicht vermeiden, indem man Verharmlosungsstrategien betreibt, die letztendlich nur dazu gut sind, die Gemüter zu beruhigen und die Armen zu gut kontrollierten, harmlosen Wesen zu machen. Wie traurig ist es doch, zuzusehen, wie andere unter dem Schutzmantel vermeintlich altruistischer Werke zur Passivität verurteilt werden«.[184] Was nottut, sind verschiedene Ausdrucksmöglichkeiten und Wege der sozialen Beteiligung. Die Bildung steht im Dienst dieses Weges, damit jeder Mensch zum Schmied seines eigenen Schicksals werden kann. Hier zeigt das Prinzip der *Subsidiarität* seinen Wert, das vom Prinzip der *Solidarität* untrennbar ist.

188.   Daraus ergibt sich die Dringlichkeit, eine Lösung für all das zu finden, was die grundlegenden Menschenrechte bedroht. Die Politiker sind gerufen, »sich der Gebrechlichkeit anzunehmen, [es] bedeutet Kraft und Zärtlichkeit, bedeutet Kampf und Fruchtbarkeit inmitten eines funktionellen und privatistischen Modells, das

---

[184] *Ansprache an die Teilnehmer des Internationalen Treffens der Volksbewegungen* (28. Oktober 2014): *AAS* 106 (2014), 852.

unweigerlich zur „Wegwerf-Kultur" führt. [...]
Es bedeutet, die Gegenwart in ihrer nebensächlichsten und am meisten beängstigenden Situation auf sich zu nehmen und fähig zu sein, sie
mit Würde zu salben.«[185] So ruft man gewiss eine
intensive Tätigkeit ins Leben, denn es »muss alles
getan werden, um den Status und die Würde der
menschlichen Person zu schützen«.[186] Der Politiker ist tatkräftig, er ist ein Erbauer mit großen
Zielen und mit realistischem und pragmatischem
Weitblick auch über sein Land hinaus. Die größte
Sorge eines Politikers sollten nicht sinkende Umfragewerte sein, sondern vielmehr, dass er keine
wirksame Lösung findet, um »das Phänomen
der gesellschaftlichen und wirtschaftlichen Ausschließung mit seinen traurigen Folgen wie Menschenhandel, Handel von menschlichen Organen
und Geweben, sexuelle Ausbeutung von Knaben
und Mädchen, Sklavenarbeit einschließlich Prostitution, Drogen- und Waffenhandel, Terrorismus und internationale organisierte Kriminalität
so schnell wie möglich zu überwinden. Diese Situationen und die Anzahl der unschuldigen Leben, die sie fordern, sind von solchem Ausmaß,
dass wir jede Versuchung meiden müssen, einem
Nominalismus zu verfallen, der sich in Deklarationen erschöpft und einen Beruhigungseffekt

---

[185] *Ansprache an das Europaparlament*, Straßburg (25. November 2014): *AAS* 106 (2014), 999.
[186] *Ansprache an die Vertreter des öffentlichen Lebens und des
Diplomatischen Korps*, Bangui, Zentralafrikanische Republik (29.
November 2015): *AAS* 107 (2015), 1320.

144

auf das Gewissen ausübt. Wir müssen dafür sorgen, dass unsere Institutionen wirklich effektiv sind im Kampf gegen all diese Plagen.«[187] Dies geschieht, indem man die großen Ressourcen der technologischen Entwicklung intelligent nutzt.

189. Wir sind noch weit entfernt von einer Globalisierung der grundlegenden Menschenrechte. Daher kann es die Weltpolitik nicht unterlassen, unter ihre unverzichtbaren Hauptziele die effektive Beseitigung des Hungers aufzunehmen. »Wenn die Finanzspekulation [nämlich] den Preis für Lebensmittel bestimmt und diese als x-beliebige Ware betrachtet, dann müssen Millionen von Menschen darunter leiden und verhungern. Auf der anderen Seite werden Tonnen von Lebensmitteln weggeworfen. Das ist ein Skandal! Andere hungern zu lassen ist ein Verbrechen; Ernährung ein unveräußerliches Recht«.[188] Während wir uns in unsere semantischen und ideologischen Diskussionen verbeißen, lassen wir oftmals zu, dass auch heute noch Schwestern und Brüder verhungern und verdursten, obdachlos sind und ohne Zugang zur Gesundheitsversorgung. Neben diesen unerfüllten Grundbedürfnissen ist der Menschenhandel eine weitere Schande für die Menschheit, welche die internationale Politik jenseits von Ansprachen und guten

---

[187] *Ansprache an die Mitglieder der UN-Generalversammlung,* New York (25. September 2015): *AAS* 107 (2015), 1039.
[188] *Ansprache an die Teilnehmer des Internationalen Treffens der Volksbewegungen* (28. Oktober 2014): *AAS* 106 (2014), 853.

Absichten hinaus nicht weiter tolerieren dürfte.
Das sind die unverzichtbarer Minimalvorausset-
zungen.

Liebe, die integriert und versammelt

190.   Die politische Nächstenliebe drückt sich
auch in der Offenheit für alle aus. Vor allem wer
Regierungsverantwortung trägt, muss zu Verzichten bereit sein, damit Begegnung möglich
wird. Zumindest im Hinblick auf einige Themen
sucht er Übereinstimmung. Er kann dem Standpunkt das anderen zuhören und zulassen, dass
jeder seinen Raum findet. Mit Verzicht und Geduld kann ein Regierender die Schaffung jenes
schönen Polyeders begünstigen, in dem alle Platz
finden. In diesem Bereich funktionieren die Verhandlungen nach Art der Wirtschaft nicht. Es ist
mehr als das, es ist ein Austausch von Angeboten
zugunsten des Gemeinwohls. Das scheint eine
naive Utopie, aber wir können auf dieses höchste
Ziel nicht verzichten.

191.   Wir sehen, wie sich alle Arten fundamen-
talistischer Intoleranz der Beziehungen zwischen
den Personen, Gruppen und Völkern bemächti-
gen. Deshalb müssen wir den Wert von Respekt,
von Liebe, die alle Verschiedenheiten umfasst,
den Vorrang der Würde jedes Menschen vor seinen Ideen, Gefühlen, Handlungsweisen und sogar Sünden vorleben und lehren. Während in der
heutigen Gesellschaft Formen von Fanatismus,
von hermetisch abgeschotteten Denkweisen und

die gesellschaftliche und kulturelle Fragmentierung wachsen, macht ein guter Politiker den ersten Schritt, damit verschiedene Stimmen gehört werden. Es ist zwar wahr, dass die Unterschiede Konflikte hervorbringen, die Einförmigkeit jedoch erstickt und bewirkt, dass wir uns kulturell selbst vernichten. Finden wir uns nicht damit ab, abgeschlossen nur in einem Bruchstück der Realität zu leben.

192. In diesem Zusammenhang möchte ich daran erinnern, dass wir gemeinsam mit dem Großimam Ahmad Al-Tayyeb »von den Architekten der internationalen Politik und der globalen Wirtschaft ein ernsthaftes Engagement zur Verbreitung einer Kultur der Toleranz, des Zusammenlebens und des Friedens [verlangt haben,] ein schnellstmögliches Eingreifen, um das Vergießen von unschuldigem Blut zu stoppen«.[189] Und wenn eine bestimmte Politik im Namen des Wohls des eigenen Landes Hass und Angst gegenüber anderen Nationen sät, muss man sich sorgen, rechtzeitig reagieren und sofort die Route korrigieren.

MEHR FRUCHTBARKEIT ALS ERFOLGE

193. Während dieses unermüdlichen Einsatzes bleibt jeder Politiker doch immer auch Mensch.

---

[189] *Dokument über die Brüderlichkeit aller Menschen für ein friedliches Zusammenleben in der Welt*, Abu Dhabi, Vereinigte Arabische Emirate (4. Februar 2019): *L'Osservatore Romano* (dt.), Jg. 49 (2019), Nr. 7 (15. Februar 2019), S. 8.

Er ist gerufen, die Liebe in seinen alltäglichen zwischenmenschlichen Beziehungen zu leben. Er ist eine Person und er muss wahrnehmen, dass »die moderne Welt, selbst mit ihrer technischen Perfektion, dazu neigt, immer mehr die Befriedigung der menschlichen Sehnsüchte zu rationalisieren, sie in verschiedene Dienstleistungen zu klassifizieren und zu unterteilen. Immer weniger nennt man einen Menschen mit seinem eigenen Namen, immer weniger wird man dieses einzigartige Wesen auf der Welt als Person behandeln, das sein eigenes Herz, seine Leiden, seine Probleme, seine Freuden und seine Familie besitzt. Man wird nur seine Krankheiten kennen, um sie zu heilen, seinen Mangel an Geld, um es ihm bereitzustellen, sein Bedürfnis nach einem Zuhause, um ihm Unterkunft zu geben, seinen Wunsch nach Zerstreuung und Ablenkung, um diesen entgegenzukommen«. Aber »den unbedeutendsten der Menschen wie einen Bruder zu lieben, so als ob es auf der Welt keine anderen als ihn gäbe, das ist kein Zeitverlust«.[190]

194.   Auch in der Politik gibt es Raum, um mit Zärtlichkeit zu lieben. »Was ist die Zärtlichkeit? Sie ist die Liebe, die nah und konkret wird. Sie ist eine Bewegung, die vom Herzen ausgeht und zu den Augen, den Ohren, den Händen gelangt. [...] Die Zärtlichkeit ist der Weg, den die mutigs-

---

[190] René Voillaume, *Frère de tous*, Éditions du Cerf, Paris 1968, S. 12-13.

ten Männer und Frauen beschritten haben«.[191] Inmitten der politischen Tätigkeit »müssen die Bedürftigen, die Schwachen, die Armen unser Herz berühren: Sie haben das „Recht", uns die Seele und das Herz zu nehmen. Ja, sie sind unsere Brüder, und als solche müssen wir sie lieben und behandeln.«[192]

195.   Somit sehen wir, dass es nicht immer um große Resultate, die zuweilen nicht möglich sind, geht. Im politischen Einsatz muss man daran erinnern: »Jenseits aller äußeren Erscheinung ist jeder unendlich heilig und verdient unsere Liebe und unsere Hingabe. Deswegen, wenn ich es schaffe, nur einem Menschen zu helfen, ein besseres Leben zu haben, rechtfertigt dies schon den Einsatz meines Lebens. Es ist schön, gläubiges Volk Gottes zu sein. Und die Fülle erreichen wir, wenn wir die Wände einreißen und sich unser Herz mit Gesichtern und Namen füllt!«[193] Die in Strategien erträumten großen Ziele werden nur teilweise errungen. Darüber hinaus hat derjenige, der liebt und die Politik nicht mehr als ein reines Streben nach Macht versteht, »die Sicherheit, dass keine der Arbeiten, die man mit Liebe verrichtet hat, verloren geht, dass keine

---

[191] *Videobotschaft an die TED-Konferenz 2017 in Vancouver*, Kanada (26. April 2017): *L'Osservatore Romano* (it.), Jg. 157 (2017), Nr. 101 (27. April 2017), S. 7.

[192] *Generalaudienz* (18. Februar 2015): *L'Osservatore Romano* (dt.), Jg. 45 (2015), Nr. 9 (27. Februar 2015), S. 2.

[193] Apostolisches Schreiben *Evangelii gaudium* (24. November 2013), 274: *AAS* 105 (2013), 1130.

der ehrlichen Sorgen um den Nächsten, keine Tat der Liebe zu Gott, keine großherzige Mühe, keine leidvolle Geduld verloren ist. All das kreist um die Welt als eine lebendige Kraft«.[194]

196. Es ist eine edle Haltung, Prozesse in der Hoffnung auf die geheime Kraft des ausgesäten Guten anzustoßen, deren Früchte von anderen geerntet werden. Eine gute Politik vereint die Liebe mit der Hoffnung, mit dem Vertrauen auf die Vorräte an Gutem, die sich trotz allem im Herzen der Menschen befinden. »Echte Politik, die sich auf Recht und ehrlichen Dialog zwischen den Personen gründet, entsteht immer neu aus der Überzeugung heraus, dass mit jeder Frau, jedem Mann und jeder Generation die Hoffnung auf neue relationale, intellektuelle, kulturelle und spirituelle Möglichkeiten verbunden ist«.[195]

197. Auf diese Weise betrachtet ist die Politik edler als ihr Erscheinungsbild, des Marketings, der verschiedenen Formen der medialen Verzerrung. All dies sät nur Spaltung, Feindschaft und einen trostlosen Skeptizismus, der unfähig ist, sich auf ein gemeinsames Projekt zu berufen. Im Hinblick auf die Zukunft müssen an manchen Tagen die Fragen lauten: „Zu welchem Zweck? Worauf ziele ich wirklich ab?" Denn wenn wir

---

[194] *Ebd.*, 279: *AAS* 105 (2013), 1132.
[195] *Botschaft zum 52. Weltfriedenstag am 1. Januar 2019* (8. Dezember 2018), 5: *L'Osservatore Romano* (dt.), Jg. 48 (2018), Nr. 51/52 (21. Dezember 2018), S. 7.

nach einigen Jahren über die eigene Vergangenheit nachdenken, wird die Frage nicht lauten: „Wie viele haben mir zugestimmt, wie viele haben mich gewählt, wie viele hatten ein positives Bild von mir?" Die vielleicht schmerzlichen Fragen werden sein: „Wie viel Liebe habe ich in meine Arbeit gelegt? Wo habe ich das Volk vorangebracht? Welche Spur habe ich im Leben der Gesellschaft hinterlassen? Welche realen Bindungen habe ich aufgebaut? Welche positiven Kräfte habe ich freigesetzt? Wie viel sozialen Frieden habe ich gesät? Was habe ich an dem Platz, der mir anvertraut wurde, bewirkt?"

SECHSTES KAPITEL

DIALOG UND
SOZIALE FREUNDSCHAFT

198.   Aufeinander zugehen, sich äußern, einander zuhören, sich anschauen, sich kennenler-
nen, versuchen, einander zu verstehen, nach Be-
rührungspunkten suchen – all dies wird in dem
Wort Dialog zusammengefasst. Um einander zu
begegnen und sich gegenseitig zu helfen, müssen
wir miteinander sprechen. Es versteht sich von
selbst, wozu der Dialog dient. Man braucht nur
daran zu denken, was die Welt ohne dieses geduldige Gespräch so vieler hochherziger Menschen
wäre, die Familien und Gemeinschaften zusam-
mengehalten haben. Ein beharrlicher und muti-
ger Dialog erregt kein Aufsehen wie etwa Auseinandersetzungen und Konflikte, aber er hilft
unauffällig der Welt, besser zu leben, und zwar
viel mehr, als uns bewusst ist.

Der gesellschaftliche Dialog auf eine neue
Kultur hin

199.   Einige versuchen, der Realität zu entflie-
hen, indem sie sich in die Privatsphäre zurück-
ziehen, andere begegnen ihr mit zerstörerischer
Gewalt. Aber »zwischen der egoistischen Gleich-

153

gültigkeit und dem gewaltsamen Protest gibt es eine Option, die immer möglich ist: den Dialog. Der Dialog zwischen den Generationen, der Dialog im Volk, denn wir alle gehören zum Volk, die Fähigkeit, zu geben und zu empfangen, zugleich für die Wahrheit offen zu sein. Ein Land wächst, wenn seine verschiedenen kulturellen Reichtümer konstruktiv in Dialog miteinander stehen: die Volkskultur, die Universitätskultur, die Jugendkultur, die Kultur der Kunst und die Kultur der Technik, die Wirtschaftskultur und die Familienkultur sowie die Medienkultur«.[196]

200. Häufig wird der Dialog mit etwas ganz anderem verwechselt, nämlich einem hitzigen Meinungsaustausch in sozialen Netzwerken, der nicht selten durch nicht immer zuverlässige Medieninformationen beeinflusst wird. Das sind nur parallel verlaufende Monologe, die vielleicht durch ihren lauten, aggressiven Ton die Aufmerksamkeit anderer auf sich ziehen. Monologe aber verpflichten niemanden, so dass ihr Inhalt nicht selten opportunistisch und widersprüchlich ist.

201. Die sensationsgierige Verbreitung von Fakten und Aufrufen in den Medien verhindert tatsächlich oft einen Dialog, weil sie jedem erlaubt, seine eigenen Ideen, Interessen und Op-

---

[196] *Ansprache bei der Begegnung mit Vertretern der Verantwortungsträger aus Politik und Gesellschaft*, Rio de Janeiro, Brasilien (27. Juli 2013): *AAS* 105 (2013), 683-684.

tionen unangetastet und ohne Nuancen beizubehalten, während die Fehler anderer als Ausrede dafür dienen. Es herrscht der Brauch, den Gegner schnell zu diskreditieren und mit demütigenden Schimpfwörtern zu versehen, anstatt sich einem offenen und respektvollen Dialog zu stellen, bei dem man eine Synthese sucht, die weiterführt. Das Schlimmste ist, dass diese im medialen Kontext einer politischen Kampagne übliche Sprache derart verbreitet ist, dass sie von allen tagtäglich verwendet wird. Die Debatte wird oft von mächtigen Partikularinteressen gelenkt, die hinterlistig versuchen, die öffentliche Meinung zu ihren Gunsten zu beeinflussen. Ich beziehe mich nicht nur auf die jeweils amtierende Regierung, denn diese manipulative Macht kann wirtschaftlicher, politischer, medialer, religiöser oder sonstiger Art sein. Wenn ihre Stoßrichtung mit den eigenen wirtschaftlichen oder ideologischen Interessen übereinstimmt, wird sie zuweilen gerechtfertigt oder entschuldigt, früher oder später aber wendet sie sich gegen eben diese Interessen.

202.   Der Mangel an Dialog bringt es mit sich, dass niemand in den einzelnen Bereichen auf das Gemeinwohl bedacht ist, sondern nur darauf, aus der Macht Nutzen zu ziehen oder bestenfalls die eigene Denkweise durchzusetzen. So werden Gespräche zu bloßen Verhandlungen um die meiste Macht und den größtmöglichen Nutzen ohne eine gemeinsame Suche nach dem Gemeinwohl. Die Helden der Zukunft werden

die sein, die diese ungesunde Logik zu durchbrechen wissen und mit allem Respekt die Wahrheit fördern, jenseits von persönlichen Interessen. So Gott will, wachsen diese Helden still im Herzen unserer Gesellschaft heran.

Gemeinsam aufbauen

203. Der echte Dialog innerhalb der Gesellschaft setzt die Fähigkeit voraus, den Standpunkt des anderen zu respektieren und zu akzeptieren, dass er möglicherweise gerechtfertigte Überzeugungen oder Interessen enthält. Schon von seinem personalen Sein her hat der andere etwas beizutragen, und es ist wünschenswert, dass er seine eigene Position vertieft und darlegt, damit die öffentliche Debatte noch umfassender wird. Sicher kommt es der Gesellschaft auf die eine oder andere Weise zugute, wenn eine Person oder eine Gruppe kohärent lebt, Werte und Überzeugungen fest vertritt und eine Meinung entwickelt. Dies geschieht aber nur in dem Maß, in dem eine solche Entwicklung im Dialog und in Offenheit gegenüber anderen stattfindet. Denn »in einem wahren Geist des Dialogs wächst die Fähigkeit, den Sinn dessen zu verstehen, was der andere sagt und tut, auch wenn man es nicht als eigene Überzeugung für sich selbst übernehmen kann. Auf diese Weise wird es möglich, aufrichtig zu sein und das, was wir glauben, nicht zu verbergen, dabei aber doch weiter im Gespräch zu bleiben, Berührungspunkte zu suchen und vor allem

gemeinsam [...] zu arbeiten und zu kämpfen«.[197] Wenn die öffentliche Diskussion wirklich allen Raum gibt und Informationen nicht manipuliert oder verheimlicht, ist sie ein ständiger Ansporn zur besseren Wahrheitsfindung oder wenigstens zu ihrer besseren Vermittlung. Sie verhindert, dass die verschiedenen Bereiche in ihrer Sichtweise und in ihren begrenzten Interessen bequem und selbstgenügsam werden. Denken wir daran: »Unterschiede sind kreativ, sie erzeugen Spannungen und in der Auflösung einer Spannung liegt der Fortschritt der Menschheit«.[198]

204. Heute besteht die Überzeugung, dass neben den wissenschaftlichen Entwicklungen in den Fachgebieten auch der interdisziplinäre Austausch notwendig ist. Die Wirklichkeit ist nämlich eine, auch wenn man sich ihr aus verschiedenen Perspektiven und mit verschiedenen Methoden annähern kann. Deshalb sollte das Risiko nicht unterschätzt werden, dass ein wissenschaftlicher Fortschritt für den einzig möglichen Ansatz zum Verständnis eines bestimmten Aspekts des Lebens, der Gesellschaft und der Welt gehalten wird. Ein Forscher, der in seiner Analyse Fortschritte macht und gleichzeitig bereit ist, weitere Dimensionen der von ihm untersuchten Wirklichkeit anzuerkennen, öffnet sich hingegen dank

---

[197] Nachsynodales Apostolisches Schreiben *Querida Amazonia* (2. Februar 2020), 108.
[198] Aus dem Film *Papst Franziskus – Ein Mann seines Wortes. Die Welt braucht Hoffnung* von Wim Wenders (2018).

der Arbeit anderer Wissenschaften und Wissensgebiete einem ganzheitlicheren, vollständigeren
Erfassen der Wirklichkeit.

205. In dieser globalisierten Welt »können die
Medien dazu verhelfen, dass wir uns einander
näher fühlen, dass wir ein neues Gefühl für die
Einheit der Menschheitsfamilie entwickeln, das
uns zur Solidarität und zum ernsthaften Einsatz für ein würdigeres Leben drängt. [...] Die
Medien können uns dabei behilflich sein, besonders heute, da die Kommunikationsnetze der
Menschen unerhörte Entwicklungen erreicht haben. Besonders das Internet kann allen größere
Möglichkeiten der Begegnung und der Solidarität
untereinander bieten, und das ist gut, es ist ein
Geschenk Gottes«.[199] Es muss allerdings ständig
überprüft werden, ob uns die heutigen Formen
der Kommunikation tatsächlich zu einer groß-
herzigen Begegnung, zu einer aufrichtigen Suche
nach der vollen Wahrheit, zum Dienst, zur Nähe
zu den Geringsten, zum Einsatz für den Aufbau
des Gemeinwohls führen. Gleichzeitig »können
wir« – wie die Bischöfe Australiens geschrieben
haben – »auch nicht eine digitale Welt akzeptieren, die darauf angelegt ist, unsere Schwächen
auszunutzen und das Schlimmste in den Menschen hervorzubringen«.[200]

---

[199] *Botschaft zum 48. Welttag der sozialen Kommunikationsmittel*
(24. Januar 2014): *AAS* 106 (2014), 113.
[200] KONFERENZ DER KATHOLISCHEN BISCHÖFE AUSTRALIENS
– Office for Social Justice, *Making it real: Genuine human encounter*

206. Der Relativismus ist keine Lösung. Unter dem Deckmantel von vermeintlicher Toleranz führt er letztendlich dazu, dass die Mächtigen sittliche Werte der momentanen Zweckmäßigkeit entsprechend interpretieren. Wenn es letztendlich nämlich »weder objektive Wahrheiten noch feste Grundsätze gibt außer der Befriedigung der eigenen Pläne und der eigenen unmittelbaren Bedürfnisse […] können wir nicht meinen, dass die politischen Pläne oder die Kraft des Gesetzes ausreichen werden […] Denn wenn die Kultur verfällt und man keine objektive Wahrheit oder keine allgemein gültigen Prinzipien mehr anerkennt, werden die Gesetze nur als willkürlicher Zwang und als Hindernisse angesehen, die es zu umgehen gilt«.[201]

207. Ist es möglich, auf Wahrheit zu achten und die Wahrheit zu suchen, die unserer tiefsten Wirklichkeit entspricht? Was ist das Gesetz ohne die auf einem langen Weg des Nachdenkens und der Weisheit erlangten Überzeugung, dass jeder Mensch heilig und unantastbar ist? Damit eine Gesellschaft eine Zukunft besitzt, muss sie eine tiefe Achtung vor der Wahrheit der Menschenwürde entwickeln, der wir uns unterwerfen. Dann wird man es nicht aus Furcht vor gesellschaft-

---

in our digital world (November 2019), 5.
[201] Enzyklika *Laudato si'* (24. Mai 2015), 123: *AAS* 107 (2015), 896.

licher Ächtung und vor der Last des Gesetzes, sondern aus Überzeugung unterlassen, jemanden zu töten. Das ist eine unabdingbare Wahrheit, die wir mit der Vernunft erkennen und im Gewissen annehmen. Eine Gesellschaft ist nicht zuletzt dann edel und achtbar, wenn sie die Suche nach der Wahrheit fördert und an den Grundwahrheiten festhält.

208. Wir müssen uns angewöhnen, die verschiedenen Arten und Weisen der Manipulation, Verzerrung und Verschleierung der Wahrheit im öffentlichen und privaten Bereich zu entlarven. Was wir „Wahrheit" nennen, ist nicht nur die Faktenvermittlung durch den Journalismus. Es ist vor allem die Suche nach den stabilsten Grundlagen für unsere Entscheidungen und auch für unsere Gesetze. Das bedeutet zuzugestehen, dass der menschliche Verstand über die momentanen Bedürfnisse hinaus einige Wahrheiten erkennen kann, die unveränderlich sind, die schon vor uns wahr waren und es immer sein werden. Durch die Erforschung der menschlichen Natur entdeckt die Vernunft Werte, die universell sind, weil sie sich von ihr ableiten.

209. Könnte es anderenfalls nicht vielleicht geschehen, dass die grundlegenden Menschenrechte, hinter die man heute nicht zurückgehen kann, von den jeweiligen Mächtigen verwehrt werden, nachdem sie den „Konsens" einer eingeschläferten und eingeschüchterten Bevölkerung erlangt haben? Auch ein bloßer Konsens

zwischen den verschiedenen Völkern wäre nicht ausreichend und gleichermaßen manipulierbar. Wir haben bereits reichlich Beweise für all das Gute, zu dem wir fähig sind, doch gleichzeitig müssen wir zugeben, dass wir eine destruktive Neigung in uns haben. Ist nicht auch der gleichgültige und unerbittliche Individualismus, in den wir gefallen sind, das Ergebnis der Trägheit bei der Suche nach den höheren Werten, die über die momentanen Bedürfnisse hinausgehen? Zum Relativismus kommt die Gefahr hinzu, dass der Mächtigste oder Schlauste am Ende eine Scheinwahrheit aufoktroyiert. Doch »im Hinblick auf die sittlichen Normen, die das in sich Schlechte verbieten, gibt es für niemanden Privilegien oder Ausnahmen. Ob einer der Herr der Welt oder der Letzte, „Elendeste" auf Erden ist, macht keinen Unterschied: Vor den sittlichen Ansprüchen sind wir alle absolut gleich«.[202]

210.   Was heute mit uns geschieht und was uns in eine verkehrte und leere Logik hineinzieht, ist darauf zurückzuführen, dass es eine Assimilation von Ethik und Politik mit den Gesetzen der Physik gibt. Es gibt kein Gut und Böse an sich, sondern nur eine Berechnung von Vor- und Nachteilen. Die Verdrängung der sittlichen Vernunft hat zur Folge, dass sich das Recht nicht auf eine Grundkonzeption von Gerechtigkeit beziehen kann, sondern zum Spiegel der herrschen-

---

[202] JOHANNES PAUL II., Enzyklika *Veritatis splendor* (6. August 1993), 96: *AAS* 85 (1993), 1209.

den Ideen wird. Hier beginnt der Verfall: eine fortschreitende „Nivellierung nach unten" durch einen oberflächlichen Verhandlungskonsens. So triumphiert am Ende die Logik der Gewalt.

Konsens und Wahrheit

211. In einer pluralistischen Gesellschaft ist der Dialog der beste Weg zur Anerkennung dessen, was stets bejaht und respektiert werden muss und was über einen umstandsbedingten Konsens hinausgeht. Wir sprechen hier von einem Dialog, der durch Motivation, durch rationale Argumente, durch eine Vielfalt von Perspektiven, durch Beiträge unterschiedlicher Wissensgebiete und Standpunkte bereichert und erleuchtet werden muss; von einem Dialog, der die Überzeugung nicht ausschließt, dass es möglich ist, zu einigen grundlegenden Wahrheiten zu gelangen, die immer vertreten werden müssen. Zu akzeptieren, dass es einige bleibende, mitunter nicht immer leicht zu erkennende Werte gibt, verleiht einer Sozialethik Solidität und Stabilität. Auch wenn wir solche Grundwerte dank Dialog und Konsens erkannt und angenommen haben, sehen wir, dass sie über jeden Konsens hinausgehen – wir erkennen sie als Werte an, die unsere individuelle Situation überschreiten und niemals verhandelbar sind. Unser Verständnis hinsichtlich ihrer Bedeutung und Wichtigkeit mag wachsen – und in diesem Sinne ist der Konsens etwas Dynamisches –, aber an sich werden sie aufgrund

ihrer ihnen innewohnenden Bedeutung für unveränderlich gehalten.

212. Wenn etwas für das gute Funktionieren
der Gesellschaft immer positiv ist, liegt es dann
vielleicht nicht daran, dass dahinter eine vom
Verstand erfassbare, bleibende Wahrheit steht?
In der Wirklichkeit des Menschen und der Gesellschaft selbst, in deren innerster Natur, gibt es
eine Reihe von Grundstrukturen, die ihre Entwicklung und ihr Überleben sichern. Daraus
leiten sich bestimmte Forderungen her, die im
Dialog entdeckt werden können, auch wenn sie
nicht im strengen Sinn vom Konsens geschaffen
werden. Die Tatsache, dass bestimmte Regeln
für das gesellschaftliche Leben selbst unverzichtbar sind, ist ein äußerer Hinweis dafür, dass sie
eine in sich selbst gute Sache sind. Folglich ist es
nicht notwendig, soziale Zweckmäßigkeit, Konsens und die Realität einer objektiven Wahrheit
in Konkurrenz zueinander zu sehen. Diese drei
Dinge können sich harmonisch miteinander ver-
binden, wenn die Menschen im Dialog wagen,
einem Thema auf den Grund zu gehen.

213. Wenn man die Würde des Nächsten in
jeder Situation respektieren soll, dann nicht
etwa deshalb, weil wir die Würde des anderen erfinden oder annehmen, sondern weil er
wirklich einen Wert besitzt, der über die materiellen Dinge und die Umstände hinausgeht;
dieser erfordert, dass wir ihn auf andere Weise behandeln. Dass jeder Mensch eine unver-

äußerliche Würde besitzt, ist eine Wahrheit, die der menschlichen Natur unabhängig jeden kulturellen Wandels zukommt. Deshalb besitzt der Mensch in jeder zeitlichen Epoche die gleiche unantastbare Würde. Niemand kann sich durch die Umstände ermächtigt fühlen, diese Überzeugung zu leugnen oder ihr nicht entsprechend zu handeln. Der Verstand kann also durch Reflexion, Erfahrung und Dialog die Wirklichkeit der Dinge erforschen, um innerhalb dieser Wirklichkeit, die ihn übersteigt, die Grundlage bestimmter allgemeingültiger sittlicher Ansprüche zu erkennen.

214. Agnostikern mag diese Grundlage ausreichend erscheinen, um den nicht verhandelbaren ethischen Grundprinzipien eine starke und beständige universelle Gültigkeit zu verleihen und weitere Katastrophen zu verhindern. Für Gläubige ist die menschliche Natur als Quelle ethischer Prinzipien von Gott geschaffen, der diesen Prinzipien letztlich eine feste Grundlage verleiht.[203] Dies begründet weder einen ethischen Kreationismus, noch zwingt es irgendein Moralsystem auf, da universell gültige sittliche Grundprinzipien zu unterschiedlichen praktischen Normen führen können. Deshalb bleibt immer Raum für den Dialog.

[203] Wir Christen glauben zudem, dass Gott uns seine Gnade schenkt, um als Brüder und Schwestern handeln zu können.

215. »Das Leben ist die Kunst der Begegnung, auch wenn es so viele Auseinandersetzungen im Leben gibt«.[204] Ich habe wiederholt dazu eingeladen, eine Kultur der Begegnung zu entwickeln, die über die stets aneinandergeratenen Dialektiken hinausgeht. Es ist ein Lebensstil, der eine Polyederbildung mit vielen Facetten und sehr vielen Seiten, die aber zusammen eine nuancenreiche Einheit bilden, fördert, denn »das Ganze ist dem Teil übergeordnet«.[205] Der Polyeder stellt eine Gesellschaft dar, in der die Unterschiede zusammenleben, sich dabei gegenseitig ergänzen, bereichern und erhellen, wenn auch unter Diskussionen und mit Argwohn. Denn man kann von jedem etwas lernen, niemand ist nutzlos, niemand ist entbehrlich. Dies bedeutet, dass die Peripherien mit einbezogen werden müssen. Wer in ihnen lebt, hat einen anderen Blickwinkel, sieht Aspekte der Realität, die man von den Machtzentren aus, in denen die maßgeblichen Entscheidungen getroffen werden, nicht erkennen kann.

Die Begegnung, die zur Kultur geworden ist

216. Das Wort „Kultur" weist auf etwas hin, was das Volk, seine innersten Überzeugungen und seinen Lebensstil durchdrungen hat. Wenn

---

[204] VINÍCIUS DE MORAES, *Samba da* Bênção, in dem Album *Um encontro no Au bon Gourmet*, Rio de Janeiro (2. August 1962).
[205] Apostolisches Schreiben *Evangelii gaudium* (24. November 2013), 237: *AAS* 105 (2013), 1116.

wir von einer „Kultur" im Volk sprechen, ist das mehr als eine Idee oder eine Abstraktion. Sie hat mit den Wünschen, den Leidenschaften und schließlich mit der Lebensweise, die diese Menschengruppe charakterisieren, zu tun. Von einer „Kultur der Begegnung" zu sprechen bedeutet also, dass wir uns als Volk für die Idee begeistern, zusammenzukommen, Berührungspunkte zu suchen, Brücken zu schlagen, etwas zu planen, das alle miteinbezieht. Dies ist zu einer Bestrebung und zu einem Lebensstil geworden. Das Subjekt dieser Kultur ist das Volk, nicht nur ein Teil der Gesellschaft, der versucht, den Rest mit professionellen und medialen Mitteln friedlich zu halten.

217.   Der soziale Frieden erfordert harte Arbeit, Handarbeit. Es wäre einfacher, die Freiheiten und Unterschiede mit ein wenig List und verschiedenen Ressourcen im Zaum zu halten. Aber dieser Frieden wäre oberflächlich und brüchig, und nicht die Frucht einer Kultur der Begegnung, die ihn stützen sollte. Unterschiede zu integrieren ist viel schwieriger und langsamer, aber die Garantie für einen echten und beständigen Frieden. Das wird nicht erreicht, indem man nur die Reinen zusammenbringt, denn »sogar die Menschen, die wegen ihrer Fehler kritisiert werden können, haben etwas beizutragen, das nicht verloren gehen darf«.[206] Es geht auch nicht um den Frieden, der

---

[206] *Ebd.*, 236: *AAS* 105 (2013), 1115.

entsteht, wenn soziale Forderungen zum Schweigen gebracht oder daran gehindert werden, Chaos zu stiften. Es geht nicht um »einen Konsens auf dem Papier [...] oder einen oberflächlichen Frieden für eine glückliche Minderheit«.[207] Worauf es ankommt, ist, *Prozesse* der Begegnung in Gang zu setzen, Prozesse, die ein Volk aufbauen, das die Unterschiede in sich aufnimmt. Rüsten wir unsere Kinder mit den Waffen des Dialogs aus! Lehren wir sie den guten Kampf der Begegnung!

Die Freude, den anderen anzuerkennen

218.   Dies bedeutet die Fähigkeit, dem Nächsten das Recht zuzugestehen, er selbst zu sein und anders zu sein. Aus dieser zur Kultur gewordenen Anerkennung heraus kann ein Sozialpakt entstehen. Ohne diese Anerkennung tauchen hingegen subtile Weisen auf, dem Nächsten jegliche Bedeutung abzusprechen; er wird irrelevant und die Gesellschaft misst ihm keinen Wert bei. Hinter der Ablehnung bestimmter sichtbarer Formen von Gewalt verbirgt sich oft eine andere heimtückischere Form von Gewalt, nämlich die Gewalt derer, die den verachten, der „anders" ist, vor allem dann, wenn seine Forderungen ihren eigenen Interessen auf irgendeine Weise schaden.

---

[207] *Ebd.*, 218: *AAS* 105 (2013), 1110.

219. Wenn ein Teil der Gesellschaft beansprucht, alles zu genießen, was die Welt zu bieten hat, als würde es die Armen nicht geben, dann hat dies irgendwann Folgen. Die Existenz und die Rechte anderer zu ignorieren führt früher oder später zu irgendeiner Form von oft unerwarteter Gewalt. Die Träume von Freiheit, Gleichheit und Brüderlichkeit können auf rein formaler Ebene bleiben, weil sie sich nicht für alle verwirklichen. Es geht also nicht bloß um eine Begegnung zwischen denen, die verschiedene Formen wirtschaftlicher, politischer oder akademischer Macht besitzen. Eine echte gesellschaftliche Begegnung bringt die großen kulturellen Formen, die die Mehrheit der Bevölkerung ausmachen, in einen wahren Dialog. Häufig werden von den ärmsten Randgruppen gute Vorschläge nicht aufgegriffen, weil sie in einem kulturellen Gewand präsentiert werden, das nicht das ihre ist und mit dem sie sich nicht identifizieren können. Daher muss ein realistischer integrativer Sozialpakt auch ein „Kulturpakt" sein, der die unterschiedlichen Weltanschauungen, Kulturen oder Lebensstile, die in der Gesellschaft nebeneinander bestehen, respektiert und berücksichtigt.

220. So sind zum Beispiel die ursprünglichen Völker nicht gegen den Fortschritt, sondern haben eine andere Vorstellung von Fortschritt, oft humanistischer als die der modernen Kultur der Industrieländer. Es ist keine Kultur, die auf den Nutzen der Machthaber ausgerichtet

ist, derer, die sich eine Art ewiges Paradies auf Erden schaffen müssen. Intoleranz und Verachtung gegenüber indigenen Volkskulturen ist eine richtiggehende Form der Gewalt, die typisch ist für herzlose „Moralisten", die leben, um andere zu verurteilen. Aber ein authentischer, tiefgreifender und stabiler Wandel ist unmöglich, wenn er nicht die verschiedenen Kulturen, insbesondere die der Armen, miteinbezieht. Ein Kulturpakt setzt voraus, dass man davon absieht, die Identität eines Ortes gleichsam monolithisch zu verstehen; er erfordert hingegen, die Vielfalt zu respektieren indem man Möglichkeiten zu ihrer Förderung und sozialen Integration anbietet.

221.   Dieser Pakt bedeutet auch zu akzeptieren, dass man eventuell etwas für das Gemeinwohl aufgeben muss. Niemand wird die ganze Wahrheit besitzen oder alle seine Wünsche erfüllen können. Ein solcher Anspruch würde nämlich dazu führen, den anderen zu zerstören, indem man ihm seine Rechte verweigert. Die Suche nach einer falschen Toleranz muss dem Realismus des Dialogs weichen, dem Realismus derer, die überzeugt sind, ihren Prinzipien treu bleiben zu müssen, gleichzeitig aber anerkennen, dass der andere ebenso das Recht hat, zu versuchen, seinen eigenen Prinzipien treu zu sein. Das ist die authentische Anerkennung des anderen, die nur durch die Liebe möglich ist; das bedeutet, sich in den anderen hineinzuversetzen, um zu entdecken, was es an Authentischem oder zumindest

Verständlichem unter seinen Motivationen und Interessen gibt.

222. Der Konsumindividualismus verursacht viel Missbrauch. Die anderen Menschen werden zu bloßen Hindernissen für die eigene angenehme Ruhe. So behandelt man sie schließlich, als würden sie eine Belästigung darstellen, und die Aggressivität nimmt zu. Dies verschärft sich und erreicht unerträgliche Ausmaße in Krisenzeiten, in Katastrophensituationen, in schwierigen Momenten, wenn der Geist des „Es rette sich, wer kann" offen zutage tritt. Trotzdem kann man sich immer noch für die Freundlichkeit entscheiden. Es gibt Menschen, die dies tun und wie Sterne in der Dunkelheit leuchten.

223. Der heilige Paulus bezeichnete eine Frucht des Heiligen Geistes mit dem griechischen Wort *chrestotes* (*Gal* 5,22), was einen Seelenzustand ausdrückt, der nicht rau, grob oder hart ist, sondern gütig und sanft, der stützt und tröstlich ist. Die Person, die diese Eigenschaft besitzt, hilft anderen, ihr Dasein besser zu ertragen, insbesondere die Last der Probleme, Nöte und Ängste. Diese Umgangsart zeigt die sich auf verschiedene Weise: in einer freundlichen Behandlung, als Sorge, nicht mit Worten oder Gesten zu verletzen, als Bemühen, die Last der anderen zu erleichtern. Es geht darum, »Worte der Ermutigung [zu] sagen, die wieder Kraft geben, die aufbauen, die trösten

und die anspornen«, statt »Worte, die demütigen, die traurig machen, die ärgern, die herabwürdigen«.[208]

224. Freundlichkeit befreit uns von der Grausamkeit, die manchmal die menschlichen Beziehungen durchdringt, von der Ängstlichkeit, die uns davon abhält, an andere zu denken, von der zerstreuten Bedürfnisbefriedigung, die ignoriert, dass auch andere ein Recht darauf haben, glücklich zu sein. Heute hat man oft weder Zeit noch übrige Kräfte, um innezuhalten und andere gut zu behandeln, um „Darf ich?", „Entschuldige!", „Danke!" zu sagen. Hin und wieder aber erscheint wie ein Wunder ein freundlicher Mensch, der seine Ängste und Bedürfnisse beiseitelässt, um aufmerksam zu sein, ein Lächeln zu schenken, ein Wort der Ermutigung zu sagen, einen Raum des Zuhörens inmitten von so viel Gleichgültigkeit zu ermöglichen. Dieses täglich gelebte Bemühen kann jenes gesunde Zusammenleben schaffen, das Missverständnisse überwindet und Konflikte verhindert. Freundlichkeit zu üben ist kein kleines Detail oder eine oberflächliche spießige Haltung. Da sie Wertschätzung und Respekt voraussetzt, verändert sie – wenn sie zur Kultur wird – in einer Gesellschaft tiefgreifend den Lebensstil, die sozialen Beziehungen und die Art und Weise, wie Ideen diskutiert und miteinander verglichen werden. Freundlichkeit erleichtert die

---

[208] Nachsynodales Apostolisches Schreiben *Amoris laetitia* (19. März 2016), 100: *AAS* 108 (2016), 351.

Suche nach Konsens und öffnet Wege, wo die Verbitterung alle Brücken zerstören würde.

SIEBTES KAPITEL

WEGE ZU EINER
NEUEN BEGEGNUNG

225.   In vielen Erdteilen sind Friedenswege er-
forderlich, die zur Heilung führen; es sind Friedensstifter vonnöten, die bereit sind, einfallsreich
und mutig Prozesse zur Heilung und zu neuer
Begegnung einzuleiten.

Von der Wahrheit her neu beginnen

226.   Einander neu zu begegnen bedeutet nicht
die Rückkehr in eine Zeit vor den Konflikten. Im
Laufe der Zeit haben wir uns alle verändert. Der
Schmerz und die Auseinandersetzungen haben
uns verändert. Außerdem gibt es für leere Diplomatie, für Verstellung, für Doppelzüngigkeit,
für Verheimlichung, für gute Manieren, die die
Realität verschleiern, keinen Platz mehr. Wer sich
heftig gestritten hat, muss in nackter Wahrheit
klar miteinander reden. Sie alle müssen lernen,
eine bußfertige Gesinnung anzunehmen, welche
die Vergangenheit akzeptieren kann, um die Zukunft von eigener Unzufriedenheit, von Verwir-
rungen oder Projektionen frei zu halten. Allein
die historische Tatsachenwahrheit kann Grundlage für das beharrliche, fortgesetzte Bemühen

173

um ein gegenseitiges Verständnis und um eine neue Sichtweise zum Wohle aller sein. Tatsächlich benötigt der Friedensprozess einen fortdauernden Einsatz. »Er ist eine geduldige Arbeit der Suche nach Wahrheit und Gerechtigkeit, die das Gedächtnis an die Opfer ehrt und schrittweise eine gemeinsame Hoffnung eröffnet, die stärker ist als die Rache«.[209] So sagten die Bischöfe des Kongo im Hinblick auf einen wiederkehrenden Konflikt: »Friedensabkommen auf dem Papier werden nie ausreichen. Es wird notwendig sein, weiterzugehen und die Forderung nach der Wahrheit über die Ursprünge dieser wiederkehrenden Krise einzubinden. Das Volk hat das Recht zu erfahren, was passiert ist«.[210]

227. Denn »die Wahrheit ist die untrennbare Gefährtin der Gerechtigkeit und Barmherzigkeit. Die drei vereint sind wesentlich, um den Frieden aufzubauen, und andererseits verhindert jede Einzelne von ihnen, dass die anderen verfälscht werden [...] Die Wahrheit darf nämlich nicht zu Rache führen, sondern vielmehr zu Versöhnung und Vergebung. Wahrheit heißt, den vom Schmerz zerstörten Familien zu berichten, was mit ihren vermissten Angehörigen geschehen ist. Wahrheit heißt, das zu bekennen, was den von

---

[209] *Botschaft zum 53. Weltfriedenstag am 1. Januar 2020* (8. Dezember 2019), 2: *L'Osservatore Romano* (dt.), Jg. 49 (2019), Nr. 51/52 (20. Dezember 2019), S. 8.
[210] BISCHOFSKONFERENZ VON KONGO, *Message au Peuple de Dieu et aux femmes et aux hommes de bonne volonté* (9. Mai 2018).

den Gewalttätern angeworbenen Minderjährigen passiert ist. Wahrheit heißt, den Schmerz der Frauen anzuerkennen, die Opfer von Gewalt und Missbrauch geworden sind. […] weil jede gegen einen Menschen begangene Gewaltakt eine Wunde am Fleisch der Menschheit ist; jeder gewaltsame Tod mindert unser Person-Sein. […] Gewalt bringt mehr Gewalt hervor, Hass erzeugt mehr Hass und Tod führt zu weiterem Tod. Wir müssen diesen scheinbar unvermeidlichen Kreislauf durchbrechen«.[211]

DIE ARCHITEKTUR UND DAS HANDWERK DES FRIEDENS

228.   Der Weg zum Frieden bedeutet nicht, die Gesellschaft homogen zu machen, sondern zusammenzuarbeiten. Er kann viele in einer gemeinsamen Suche vereinen, von der alle profitieren. Zur Erreichung eines bestimmten gemeinsamen Ziels kann man verschiedene technische Vorschläge sowie unterschiedliche Erfahrungen beisteuern und so für das Gemeinwohl arbeiten. Man muss versuchen, die Probleme einer Gesellschaft klar zu erkennen, um zu akzeptieren, dass es unterschiedliche Weisen gibt, Schwierigkeiten zu sehen und zu lösen. Der Weg zu einem besseren Zusammenleben schließt immer das Zugeständnis ein, dass der andere eine – zumindest teilweise – berechtig-

[211] *Ansprache beim großen Gebetstreffen zur nationalen Versöhnung*, Villavicencio, Kolumbien (8. September 2017): *AAS* 109 (2017), 1063-1064 und 1066.

te Perspektive einbringen könnte, etwas, das neu bewertet werden kann, selbst wenn er einen Fehler gemacht oder falsch gehandelt hat. Denn »der andere darf niemals auf das reduziert werden, was er sagen oder machen konnte, sondern muss im Hinblick auf die Verheißung, die er in sich trägt, geachtet werden«[212] –Verheißung, die immer einen Hoffnungsschimmer zurücklässt.

229. Wie die Bischöfe Südafrikas lehrten, wird wahre Versöhnung proaktiv erreicht, nämlich dadurch, »dass man eine neue Gesellschaft formt, die auf dem Dienst am Nächsten gründet, anstatt auf dem Wunsch zu dominieren; eine Gesellschaft, die darauf beruht, dass man mit dem anderen teilt, was man besitzt, anstatt dass jeder egoistisch um den größtmöglichen Reichtum kämpft; eine Gesellschaft, in der der Wert des Zusammenseins als Menschen letztlich wichtiger ist als jede kleinere Gruppe, sei es Familie, Nation, Volk oder Kultur«.[213] Die südkoreanischen Bischöfe haben darauf hingewiesen, dass wahrer Frieden »nur erreicht werden kann, wenn wir durch den Dialog für Gerechtigkeit kämpfen, und so nach Versöhnung und gegenseitiger Entwicklung streben«.[214]

---

[212] *Botschaft zum 53. Weltfriedenstag am 1. Januar 2020* (8. Dezember 2019), 3: *L'Osservatore Romano* (dt.), Jg. 49 (2019), Nr. 51/52 (20. Dezember 2019), S. 8.

[213] SÜDAFRIKANISCHE BISCHOFSKONFERENZ, *Pastoral Letter on Christian Hope in the Current Crisis* (Mai 1986).

[214] KATHOLISCHE BISCHOFSKONFERENZ VON KOREA, *Appeal of the Catholic Church in Korea for Peace on the Korean Peninsula* (15. August 2017).

230. Das Bemühen um die Überwindung trennender Hindernisse ohne Aufgabe der eigenen Identität setzt voraus, dass in allen ein grundlegendes Zugehörigkeitsgefühl lebendig ist. Denn »unsere Gesellschaft gewinnt, wenn jede Person, jede soziale Gruppe sich wirklich zu Hause fühlt. Bei einer Familie gehören die Eltern, die Großeltern, die Kinder dazu; keiner ist ausgeschlossen. Wenn einer eine Schwierigkeit hat, sogar eine gravierende, kommen die anderen ihm zu Hilfe und unterstützen ihn, selbst dann, wenn er sie sich selbst „eingebrockt" hat. Sein Leid ist das Leid aller. [...] In den Familien tragen alle zum gemeinsamen Vorhaben bei, alle arbeiten für das gemeinsame Wohl, aber ohne den Einzelnen „auszuhebeln". Im Gegenteil, sie stützen und fördern ihn. Sie streiten sich, doch es gibt etwas, das unverrückbar bleibt: die familiäre Verbindung. Die familiären Streitigkeiten werden zu Versöhnungen. Die Freuden und die Leiden eines jeden machen sich alle zu Eigen. Das ist Familie! Wenn es uns gelingen könnte, den politischen Gegner oder den Hausnachbarn mit den gleichen Augen zu sehen, wie wir unsere Kinder, die Ehefrau oder den Ehemann, den Vater oder die Mutter sehen, wie gut wäre das doch! Lieben wir unsere Gesellschaft, oder bleibt sie etwas Fremdes, etwas Anonymes, das uns nicht einbezieht, uns nichts angeht, uns nicht verpflichtet?«[215]

[215] *Ansprache bei der Begegnung mit Vertretern des öffentlichen Lebens*, Quito, Ecuador (7. Juli 2015): *L'Osservatore Romano* (dt.), Jg. 45 (2015), Nr. 29 (17. Juli 2015), S. 10-11.

231. Oft sind Verhandlungen dringend notwendig, um konkrete Wege für den Frieden zu
entwickeln. Die eigentlichen Prozesse für einen
dauerhaften Frieden sind aber in erster Linie
Veränderungen, die von den Volksgruppen
handwerklich gestaltet werden und bei denen
jeder Mensch mit seinem alltäglichen Lebensstil
ein wirksamer Sauerteig sein kann. Große Veränderungen werden nicht am Schreibtisch oder
in Büros fabriziert. So besitzt »in dem einen
kreativen Plan ein jeder eine wesentliche Rolle,
um eine neue Seite der Geschichte zu schreiben, eine Seite voller Hoffnung, voller Frieden
und voller Versöhnung«.[216] Es gibt eine „Archi-
tektur" des Friedens, zu der die verschiedenen
Institutionen der Gesellschaft je nach eigener
Kompetenz beitragen; doch es gibt auch ein
„Handwerk" des Friedens, das uns alle einbezieht. Aus den unterschiedlichen Friedens-
prozessen in diversen Erdteilen »haben [wir]
gelernt, dass diese Wege der Versöhnung, des
Vorrangs der Vernunft über die Vergeltung, der
zerbrechlichen Harmonie zwischen Politik und
Recht nicht die Vorgänge im Volk umgehen
können. Es genügt nicht, gesetzliche Rahmen
und institutionelle Vereinbarungen zwischen
politischen und wirtschaftlichen Gruppen guten Willens zu planen. […] Zudem ist es immer
wertvoll, in unsere Friedensprozesse die Erfah-

---

[216] *Interreligiöse Begegnung mit den Jugendlichen*, Maputo, Mosambik (5. September 2019): *L'Osservatore Romano* (dt.), Jg. 49
(2019), Nr. 37 (13. September 2019), S. 7.

rungen von Bereichen einzubeziehen, die vielfach aus dem Blickfeld geraten sind, damit eben die Gemeinschaften die Abläufe des kollektiven Gedächtnisses färben mögen«.[217]

232. Es gibt keinen Schlusspunkt beim Aufbau des gesellschaftlichen Friedens eines Landes; es handelt sich vielmehr um »eine Aufgabe, die keine Ruhepause zulässt und den Einsatz aller erfordert. Diese Arbeit verlangt von uns, in der Anstrengung nicht nachzulassen, die Einheit der Nation aufzubauen. Sie trägt uns auf, trotz der Hindernisse, der Unterschiede und der verschiedenen Ansätze bezüglich der Art und Weise, ein friedliches Zusammenleben zu erlangen, weiter darum zu ringen, dass eine Kultur der Begegnung gefördert wird. Diese verlangt, dass der Mensch, seine höchste Würde und die Achtung des Gemeinwohls ins Zentrum allen politischen, sozialen und wirtschaftlichen Handelns gestellt werden. Möge diese Anstrengung uns von der Versuchung fernhalten, nach Vergeltung und bloß kurzfristigen Sonderinteressen zu streben«.[218] Gewaltsame öffentliche Demonstrationen von der einen oder anderen Front tragen nicht dazu bei, Lösungen zu finden; vor allem weil – wie die Bischöfe Kolumbiens betont ha-

---

[217] *Homilie in der heiligen Messe*, Cartagena de Indias, Kolumbien (10. September 2017): *AAS* 109 (2017), 1086.

[218] *Ansprache bei der Begegnung mit Vertretern der Regierung und des öffentlichen Lebens und mit dem Diplomatischen Korps*, Bogotá, Kolumbien (7. September 2017): *AAS* 109 (2017), 1029.

ben – »beim Aufruf zur Mobilisierung der Bürger ihre Ursprünge und Ziele nicht immer klar zutage treten, es bestimmte Formen politischer Manipulation gibt und Vereinnahmungen für Sonderinteressen stattfinden«.[219]

Vor allem mit den Geringsten

233. Die Förderung der sozialen Freundschaft beinhaltet nicht nur die Annäherung zwischen gesellschaftlichen Gruppierungen, die sich seit einer konfliktreichen Geschichte fernstehen, sondern auch das Bemühen um eine erneute Begegnung mit den ärmsten und verletzlichsten Gesellschaftssektoren. Friede ist »nicht nur die Abwesenheit von Krieg, sondern der unermüdliche Einsatz – vor allem von Menschen, die Ämter von höherer Verantwortung bekleiden –, die oft vergessene und unbeachtete Würde unserer Brüder und Schwestern anzuerkennen, zu gewährleisten und konkret wiederherzustellen, damit sie sich als Hauptakteure des Schicksals ihrer Nation empfinden können«.[220]

234. Die Geringsten der Gesellschaft wurden oft durch ungerechte Verallgemeinerungen ver-

---

[219] BISCHOFSKONFERENZ VON KOLUMBIEN, *Pore el bien de Colombia: diálogo, reconciliación y desarrollo integral* (26. November 2019), 4.
[220] *Ansprache bei der Begegnung mit den Vertretern der Regierung, der Zivilgesellschaft und mit dem Diplomatischen Korps*, Maputo, Mosambik (5. September 2019): L'Osservatore Romano (dt.), Jg. 49 (2019), Nr. 37 (13. September 2019), S. 6.

letzt. Manchmal reagieren die Ärmsten und Ausgestoßenen mit antisozial erscheinenden Haltungen. Wir müssen begreifen, dass diese Reaktionen
häufig mit einer Geschichte von Verachtung und
fehlender sozialer Eingliederung zusammenhängen. So lehrten die Bischöfe Lateinamerikas:
»Nur wenn wir den Armen so nahe kommen, dass
Freundschaft entstehen kann, werden wir wahrhaft schätzen lernen, was den Armen von heute
wichtig ist, wonach sie sich legitim sehnen und wie
sie selbst ihren Glauben leben. Die Option für die
Armen soll uns dahin bringen, Freundinnen und
Freunde der Armen zu werden«.[221]

235. Wer Frieden in eine Gesellschaft bringen will, darf nicht vergessen, dass Ungleichheit
und eine fehlende ganzheitliche Entwicklung
des Menschen eine Friedensbildung unmöglich
machen. Denn »ohne Chancengleichheit finden
die verschiedenen Formen von Aggression und
Krieg einen fruchtbaren Boden, der früher oder
später die Explosion verursacht. Wenn die lokale,
nationale oder weltweite Gesellschaft einen Teil
ihrer selbst in den Randgebieten seinem Schicksal
überlässt, wird es keine politischen Programme,
noch Ordnungskräfte oder *Intelligence* geben, die
unbeschränkt die Ruhe gewährleisten können«.[222]

---

[221] 5. GENERALVERSAMMLUNG DES EPISKOPATS VON LATEIN-
AMERIKA UND DER KARIBIK, *Schlussdokument von Aparecida* (29.
Juni 2007), 398.
[222] Apostolisches Schreiben *Evangelii gaudium* (24. November 2013), 59: *AAS* 105 (2013), 1044.

Wenn es um einen Neuanfang geht, müssen wir immer bei den Geringsten unserer Brüder und Schwestern beginnen.

236. Einige ziehen es vor, nicht von Versöhnung zu sprechen, weil sie meinen, dass Konflikte, Gewalt und Gräben zum normalen Funktionieren einer Gesellschaft gehören. Tatsächlich gibt es in jeder Gruppe von Menschen mehr oder weniger subtile Machtkämpfe zwischen verschiedenen Parteien. Andere argumentieren, Vergebung zu üben bedeute, den eigenen Raum aufzugeben, sodass andere die Lage beherrschen. Aus diesem Grund sind sie der Ansicht, es sei besser, ein Machtspiel aufrechtzuerhalten, das ein Kräftegleichgewicht zwischen verschiedenen Gruppierungen ermöglicht. Wieder andere meinen, Versöhnung sei etwas für Schwache, die nicht zu einem ernsthaften Dialog imstande sind, und sich deshalb dafür entscheiden, den Problemen durch ein Verbergen der Ungerechtigkeiten zu entkommen. In der Unfähigkeit, sich den Problemen zu stellen, wählen sie einen Scheinfrieden.

Der unvermeidliche Konflikt

237. Vergebung und Versöhnung sind für das Christentum äußerst wichtige Themen; in unterschiedlicher Form auch in anderen Religionen. Es besteht allerdings die Gefahr, dass Glaubens-

182

überzeugungen nicht entsprechend verstanden und so dargestellt werden, dass sie am Ende Fatalismus, Handlungslosigkeit oder Ungerechtigkeit nähren oder - als entgegengesetztes Extrem - Intoleranz und Gewalt.

238.   Christus hat nie dazu aufgerufen, Gewalt oder Intoleranz zu schüren. Er selbst verurteilte offen die Anwendung von Gewalt, um sich durchzusetzen: »Ihr wisst, dass die Herrscher ihre Völker unterdrücken und die Großen ihre Vollmacht gegen sie gebrauchen. Bei euch soll es nicht so sein« (*Mt* 20,25-26). Andererseits fordert das Evangelium, »siebzigmal siebenmal« (*Mt* 18,22) zu vergeben, und führt das Beispiel des unbarmherzigen Knechtes an, dem vergeben wurde, der aber seinerseits nicht fähig war, anderen zu vergeben (vgl. *Mt* 18,23-35).

239.   Bei der Lektüre weiterer Texte des Neuen Testaments können wir feststellen, dass tatsächlich die ersten Gemeinden, inmitten einer heidnischen Welt mit weit verbreiteter Korruption und vielen Verirrungen, ein Gespür für Geduld, Toleranz und Verständnis besaßen. Einige Stellen sind in dieser Hinsicht sehr klar: Es wird dazu eingeladen, die Gegner »mit Güte« (*2 Tim* 2,25) zurechtzuweisen. Oder man ermahnt dazu, »niemanden zu schmähen, friedfertig zu sein, gütig und alle Freundlichkeit allen Menschen gegenüber zu zeigen! Denn auch wir waren früher unverständig« (*Tit* 3,2-3). In der Apostelgeschichte heißt es, dass die von einigen Vorstehern verfolg-

ten Jünger »Gunst beim ganzen Volk« fanden (2,47; vgl. 4,21.33; 5,13).

240. Wenn wir jedoch über Vergebung, Frieden und soziale Eintracht nachdenken, stoßen wir auf einen überraschenden Ausdruck Christi: »Denkt nicht, ich sei gekommen, um Frieden auf die Erde zu bringen! Ich bin nicht gekommen, um Frieden zu bringen, sondern das Schwert. Denn ich bin gekommen, um den Sohn mit seinem Vater zu entzweien und die Tochter mit ihrer Mutter und die Schwiegertochter mit ihrer Schwiegermutter und die Hausgenossen eines Menschen werden seine Feinde sein« (*Mt* 10,34-36). Das muss im Kontext des Kapitels gelesen werden. Dort wird deutlich, dass vom Thema der Treue zur eigenen Entscheidung die Rede ist, ohne sich dafür zu schämen, selbst gegen Widerstände und sogar, wenn sich die Angehörigen gegen diese Entscheidung stellen. Es ist daher keine Einladung, den Konflikt zu suchen, sondern einfach den unvermeidlichen Konflikt zu ertragen. Die Achtung vor anderen Menschen darf nicht dazu führen, um des vermeintlichen Friedens in Familie und Gesellschaft willen sich selbst untreu zu werden. Der heilige Johannes Paul II. hat gesagt, dass die Kirche »keineswegs die Absicht [hat], jegliche Form sozialer Konflikte zu verurteilen. Die Kirche weiß nur zu gut, dass in der Geschichte unvermeidlich Interessenskonflikte zwischen verschiedenen sozialen Gruppen auf-

treten und dass der Christ dazu oft entschieden und konsequent Stellung beziehen muss«.[223]

Berechtigte Kämpfe und Vergebung

241. Es geht nicht darum, auf unsere eigenen Rechte zu verzichten und Vergebung für einen korrupten Machtinhaber, einen Kriminellen oder jemanden, der unsere Würde herabsetzt, vorzuschlagen. Wir sind gerufen, ausnahmslos alle zu lieben, aber einen Unterdrücker zu lieben bedeutet nicht, zuzulassen, dass er es weiter bleibt; es bedeutet auch nicht, ihn im Glauben zu belassen, dass sein Handeln hinnehmbar sei. Ihn in rechter Weise zu lieben bedeutet hingegen, auf verschiedene Weise zu versuchen, dass er davon ablässt zu unterdrücken; ihm jene Macht zu nehmen, die er nicht zu nutzen weiß und die ihn als Mensch entstellt. Vergeben heißt nicht, zuzulassen, dass die eigene Würde und die Würde anderer weiterhin mit Füßen getreten wird oder dass ein Krimineller weiterhin Schaden anrichten kann. Wer Unrecht erleidet, muss seine Rechte und die seiner Familie nachdrücklich verteidigen, eben weil er die ihm gegebene Würde schützen muss, eine Würde, die Gott liebt. Wenn ein Verbrecher mir oder einem geliebten Menschen Schaden zugefügt hat, kann mir niemand verbieten, Gerechtigkeit zu fordern und dafür Sorge zu tragen, dass diese Person – oder irgendjemand anders – mir oder anderen

[223] Enzyklika *Centesimus annus* (1. Mai 1991), 14: *AAS* 83 (1991), 810.

nicht wieder Schaden zufügt. Das ist mein Recht, und Vergebung negiert diese Notwendigkeit keineswegs, sondern verlangt sie sogar.

242.   Der springende Punkt ist, dies nicht zu tun, um eine Wut zu schüren, welche die eigene Seele und die Seele unseres Volkes krankmacht, oder wegen eines ungesunden Wunsches nach Vernichtung des Nächsten, der eine Reihe von Rachefeldzügen auslöst. Niemand erreicht auf diese Weise inneren Frieden oder versöhnt sich mit dem Leben. Die Wahrheit ist: »Keine Familie, keine Gruppe von Nachbarn, keine Ethnie und noch weniger ein Land haben Zukunft, wenn der Motor, der sie vereint, sie zusammenbringt und die Unterschiede zudeckt, die Vergeltung und der Hass sind. Wir dürfen uns nicht abstimmen und uns zusammentun, um Rache zu üben, um dem, der uns Gewalt angetan hat, das Gleiche zu tun und scheinbar legale Gelegenheiten der Vergeltung zu planen«.[224] Auf diese Weise wird nichts gewonnen und auf lange Sicht alles verloren.

243.   Es stimmt, »es ist keine leichte Aufgabe, das vom Konflikt hinterlassene bittere Erbe von Ungerechtigkeit, Feindseligkeit und Misstrauen zu überwinden. Dies kann nur geschehen, indem man das Böse durch das Gute besiegt (vgl. *Röm* 12,21) und jene Tugenden pflegt, welche die

---

[224] *Homilie in der heiligen Messe für die Entwicklung der Völker,* Maputo, Mosambik (6. September 2019): *L'Osservatore Romano* (dt.), Jg. 49 (2019), Nr. 37 (13. September 2019), S. 10.

Versöhnung, die Solidarität und den Frieden fördern«.[225] Wer auf diese Weise »die Güte in sich wachsen lässt, dem schenkt sie ein ruhiges Gewissen und eine tiefe Freude, auch inmitten von Schwierigkeiten und Unverständnis. Sogar angesichts erlittener Beleidigungen ist die Güte keine Schwäche, sondern eine wirkliche Kraft, die fähig ist, auf Vergeltung zu verzichten«.[226] Wir müssen im eigenen Leben erkennen, dass »das harte Urteil über meinen Bruder oder meine Schwester in meinem Herzen, die nicht verheilte Wunde, das nicht verziehene Böse, der Groll, der mir nur wehtun wird, ein Stück Krieg ist, das ich in mir trage, ein Feuer in meinem Herzen, das gelöscht werden muss, damit es nicht zu einem Brand wird«.[227]

Die wahre Bewältigung

244. Wenn Konflikte nicht gelöst, sondern in der Vergangenheit verborgen oder begraben werden, kann Schweigen manchmal bedeuten, sich an schweren Fehlern und Sünden mitschuldig zu machen. Wahre Versöhnung aber geht

---

[225] *Ansprache bei der Begrüßungszeremonie*, Colombo, Sri Lanka (13. Januar 2015): *L'Osservatore Romano* (dt.), Jg. 49 (2015), Nr. 3 (16. Januar 2015), S. 1.
[226] *Ansprache bei der Begegnung mit den Kindern des Bethanien-Zentrums und mit Personen, die von anderen albanischen Assistenzzentren betreut werden*, Tirana, Albanien (21. September 2014): *Insegnamenti* II,2 (2014), 288.
[227] *Videobotschaft an die TED-Konferenz 2017 in Vancouver*, Kanada (26. April 2017): *L'Osservatore Romano* (it.), Jg. 157 (2017), Nr. 101 (27. April 2017), S.7.

dem Konflikt nicht aus dem Weg, sondern wird *im* Konflikt erreicht, wenn man ihn durch Dialog und transparente, aufrichtige und geduldige Verhandlungen löst. Der Kampf zwischen verschiedenen Gruppen kann, »wenn Feindseligkeiten und gegenseitiger Hass ferngehalten werden, allmählich zu einer ehrlichen Diskussion, die auf der Suche nach Gerechtigkeit beruht, werden«.[228]

245. Ich habe wiederholt ein Prinzip vorgeschlagen, »das zum Aufbau einer sozialen Freundschaft unabdingbar ist, und dieses lautet: Die Einheit steht über dem Konflikt. [...] Es geht nicht darum, für einen Synkretismus einzutreten, und auch nicht darum, den einen im anderen zu absorbieren, sondern es geht um eine Lösung auf einer höheren Ebene, welche die wertvollen innewohnenden Möglichkeiten und die Polaritäten im Streit beibehält«.[229] Wir sind uns wohl bewusst, »dass sich immer dann, wenn wir als Einzelner oder Gemeinschaft lernen, etwas Größeres als uns selbst und unsere persönlichen Interessen anzuzielen, sich gegenseitiges Verständnis und Engagement [in ein Umfeld] verwandeln [...] wo Konflikte und Spannungen – auch jene, die man einst für unversöhnlich gehalten hätte –

---

[228] Pius XI., Enzyklika *Quadragesimo anno* (15. Mai 1931), 114: *AAS* 23 (1931), 213.
[229] Apostolisches Schreiben *Evangelii gaudium* (24. November 2013), 228: *AAS* 105 (2013), 1113.

zu einer vielgestaltigen Einheit führen können, die neues Leben hervorbringt«.[230]

ERINNERUNG

246. Von dem, der auf ungerechte und grausame Weise viel gelitten hat, kann man nicht eine Art „gesellschaftliche Vergebung" verlangen. Versöhnung ist eine persönliche Angelegenheit: niemand kann sie einer ganzen Gesellschaft aufzwingen, selbst wenn sie gefördert werden muss. Im rein persönlichen Bereich kann jemand aus freier und großzügiger Entscheidung heraus darauf verzichten, eine Strafe zu fordern (vgl. *Mt* 5,44-46), selbst wenn die Gesellschaft und ihre Rechtsprechung dies berechtigterweise verlangen. Es ist jedoch nicht möglich, eine „allgemeine Versöhnung" zu verordnen und zu glauben, Wunden per Dekret zu schließen oder Ungerechtigkeiten mit einem Mantel des Vergessens überdecken zu können. Wer kann das Recht beanspruchen, im Namen anderer zu vergeben? Es ist ergreifend, die Fähigkeit zur Vergebung einiger Menschen zu sehen, die imstande waren, über den erlittenen Schaden hinwegzugehen; es ist aber auch menschlich, die zu verstehen, die das nicht können. Was jedenfalls niemals vorgeschlagen werden darf, ist das Vergessen.

[230] *Ansprache bei der Begegnung mit Vertretern der Regierung, der Zivilgesellschaft und mit dem Diplomatischen Korps*, Riga, Lettland (24. September 2018): *L'Osservatore Romano* (dt.), Jg. 48 (2018), Nr. 41 (12. Oktober 2018), S. 9.

247. Die *Shoah* darf nicht vergessen werden. Sie ist »ein Symbol dafür [...] wie weit die Ruchlosigkeit des Menschen gehen kann, wenn er, durch falsche Ideologien angestiftet, die grundlegende Würde eines jeden Menschen vergisst, der eine absolute Achtung gebührt, gleich welchem Volk der Mensch angehört und welche Religion er bekennt«.[231] Wenn ich an sie erinnere, komme ich nicht umhin, dieses Gebet zu wiederholen: »Denk an uns in deiner Barmherzigkeit. Gib uns die Gnade, uns zu schämen für das, was zu tun wir als Menschen fähig gewesen sind, uns zu schämen für diesen äußersten Götzendienst, unser Fleisch, das du aus Lehm geformt und das du mit deinem Lebensatem belebt hast, verachtet und zerstört zu haben. Niemals mehr, o Herr, niemals mehr!«[232]

248. Die Atombombenangriffe von Hiroshima und Nagasaki dürfen nicht vergessen werden. Noch einmal »gedenke [ich] hier aller Opfer und verneige mich vor der Stärke und der Würde derer, die über viele Jahre hinweg als Überlebende jener ersten Augenblicke die heftigsten körperlichen Schmerzen und in ihrem Geist die Keime des Todes ertragen haben, die an ihrer Lebenskraft weiter gezehrt haben. [...] [Wir] dürfen [...] nicht zulassen, dass die gegenwärtigen und

---

[231] *Ansprache bei der Begrüßungszeremonie*, Tel Aviv, Israel (25. Mai 2014): *Insegnamenti* II,1 (2014), 604.

[232] *Rede an der Gedenkstätte von Yad Vashem*, Jerusalem (26. Mai 2014): *AAS* 106 (2014), 228.

künftigen Generationen die Erinnerung an das Geschehene verlieren; jene Erinnerung, die Garantie und Ansporn ist, um eine gerechtere und brüderlichere Welt zu erbauen«.[233] Wir dürfen auch nicht die Verfolgungen, den Sklavenhandel und die ethnischen Säuberungen vergessen, die in verschiedenen Ländern stattfanden und noch stattfinden, und so viele andere historische Ereignisse, für die wir uns schämen, Menschen zu sein. Man muss sich immer an sie erinnern, immer und immer wieder, ohne zu ermüden oder gefühllos zu werden.

249. Heute ist die Versuchung groß, das Blatt wenden zu wollen, indem man sagt, dass schon so viel Zeit verstrichen ist und wir vorwärtsblicken müssen. Um Gottes willen, nein! Ohne Erinnerung geht es nicht voran, man entwickelt sich nicht weiter ohne eine umfassende und hellsichtige Erinnerung. Wir müssen »das kollektive Bewusstsein lebendig erhalten« und »den nachfolgenden Generationen das schreckliche Geschehen« bezeugen. So wird das Gedächtnis an die Opfer wachgerufen und bewahrt, »damit das menschliche Gewissen immer stärker werde gegenüber jedem Willen zur Vorherrschaft und zur Zerstörung«.[234] Das haben die Opfer selbst

[233] *Rede am Friedensdenkmal*, Hiroshima, Japan (24. November 2019): *L'Osservatore Romano* (dt.), Jg. 49 (2019), Nr. 48/49 (29. November 2019), S. 15

[234] *Botschaft zum 53. Weltfriedenstag 1. Januar 2020* (8. Dezember 2019), 2: *L'Osservatore Romano* (dt.), Jg. 49 (2019), Nr. 51/52 (20. Dezember 2019), S. 8.

nötig – Menschen, gesellschaftliche Gruppen oder Nationen –, um nicht einer Logik nachzugeben, die dazu führt, die Repressalien oder jede Art von Gewalt im Namen des erlittenen Leids zu rechtfertigen. Deshalb beziehe ich mich nicht nur auf die Erinnerung an die Schrecken, sondern auch auf die Erinnerung an diejenigen, die inmitten eines vergifteten und korrupten Umfeldes die Würde zurückgewinnen konnten und sich mit kleinen oder großen Gesten für Solidarität, Vergebung und Geschwisterlichkeit entschieden haben. Es tut sehr gut, sich an das Gute zu erinnern.

Vergebung ohne Vergessen

250.   Vergebung beinhaltet nicht das Vergessen. Allerdings besteht vor Fakten, die in keiner Weise geleugnet, relativiert oder verheimlicht werden können, immer noch die Möglichkeit der Vergebung. Auch wenn es Dinge gibt, die niemals toleriert, gerechtfertigt oder entschuldigt werden sollten, können wir dennoch verzeihen. Auch wenn es etwas gibt, das wir auf gar keinen Fall vergessen dürfen, dann können wir dennoch verzeihen. Freie und aufrichtige Vergebung besitzt eine Größe, die die Unermesslichkeit der göttlichen Vergebung widerspiegelt. Wenn Vergebung bedingungslos ist, dann kann auch demjenigen vergeben werden, der sich gegen Reue sträubt und nicht in der Lage ist, um Vergebung zu bitten.

251. Diejenigen, die vergeben, vergessen nämlich nicht. Aber sie weigern sich, von der gleichen zerstörerischen Kraft besessen zu werden, die ihnen Leid zugefügt hat. Sie durchbrechen den Teufelskreis und stoppen das Vordringen der zerstörerischen Kräfte. Sie beschließen, die Gesellschaft nicht weiterhin mit der Rachsucht anzustecken, die früher oder später wieder auf sie selbst zurückfällt. Denn Rache löst nie wirklich das Ungemach der Opfer. Es gibt Verbrechen, die so entsetzlich und grausam sind, dass den Täter leiden zu lassen nichts bringt, um verspüren zu können, dass der Schaden wiedergutgemacht wurde; es würde nicht einmal ausreichen, den Verbrecher zu töten, noch könnte man Foltermethoden finden, die mit den möglichen Leiden der Opfer vergleichbar wären. Rache ist keine Lösung.

252. Wir sprechen auch nicht von Straflosigkeit. Aber Gerechtigkeit wird nur aus Liebe zur Gerechtigkeit selbst, aus Respekt vor den Opfern, zur Verhinderung weiterer Verbrechen und zur Wahrung des Gemeinwohls wahrhaft gesucht, nicht als vermeintliche Entladung des eigenen Zornes. Vergebung ist genau das, was es ermöglicht, Gerechtigkeit zu suchen, ohne in den Teufelskreis der Rache zu geraten oder der Ungerechtigkeit des Vergessens zu verfallen.

253. Wo es beiderseitige Ungerechtigkeiten gab, sollte klar erkannt werden, dass sie möglicherweise nicht von gleicher Schwere waren oder

nicht vergleichbar sind. Gewalt durch staatliche Machtstrukturen befindet sich nicht auf der gleichen Ebene wie Gewalt durch bestimmte Gruppierungen. Jedenfalls kann nicht verlangt werden, dass nur an die ungerechten Leiden einer der beiden Seiten erinnert wird. Wie die Bischöfe Kroatiens lehrten, »schulden wir jedem unschuldigen Opfer den gleichen Respekt. Hier darf es keine ethnischen, konfessionellen, nationalen oder politischen Unterschiede geben«.[235]

254.   Ich bitte Gott, »unsere Herzen auf die Begegnung mit den Mitmenschen jenseits der Unterschiede von Ansichten, Sprache, Kultur und Religion vorzubereiten; unser ganzes Sein mit dem Öl seiner Barmherzigkeit zu salben, das die Wunden der Fehler, der Verständnislosigkeiten und der Streitigkeiten heilt; und wir bitten ihn um die Gnade, uns demütig und gütig auszusenden auf die anspruchsvollen, aber fruchtbaren Pfade der Suche nach dem Frieden«.[236]

KRIEG UND TODESSTRAFE

255.   Es gibt zwei Extremsituationen, die sich unter besonders dramatischen Umständen als Lösungen präsentieren können. Man übersieht, dass es sich um falsche Antworten handelt, die

---

[235] KROATISCHE BISCHOFSKONFERENZ, *Letter on the Fiftieth Anniversary of the End of the Second World War* (1. Mai 1995).
[236] *Homilie in der heiligen Messe*, Amman, Jordanien (24. Mai 2014): *L'Osservatore Romano* (dt.), Jg. 44 (2014), Nr. 22 (30. Mai 2014), S. 4-5.

nicht die Probleme lösen, die sie zu überwinden glauben, und dass sie letztendlich nur neue Zerstörungsfaktoren in das Gefüge der nationalen und weltweiten Gemeinschaft einbringen. Das sind der Krieg und die Todesstrafe.

Die Ungerechtigkeit des Krieges

256.   »Trug ist im Herzen derer, die Böses planen, aber bei denen, die zum Frieden raten, ist Freude« (*Spr* 12,20). Dennoch gibt es diejenigen, die Lösungen suchen im Krieg, der sich oft »aus einer Verkehrung der Beziehungen, aus hegemonialen Ambitionen, aus Machtmissbrauch, aus der Angst vor dem anderen und vor der Verschiedenartigkeit, die für ein Hindernis gehalten wird«,[237] speist. Krieg ist kein Gespenst der Vergangenheit, sondern ist zu einer ständigen Bedrohung geworden. Die Welt tut sich immer schwerer auf dem langsamen Weg zum Frieden, den sie eingeschlagen hatte und der allmählich Früchte zu tragen begann.

257.   Da die Voraussetzungen für die Verbreitung von Kriegen wieder wachsen, erinnere ich daran, dass »der Krieg [...] die Negierung aller Rechte und ein dramatischer Angriff auf die Umwelt [ist]. Wenn man eine wirkliche ganzheitliche menschliche Entwicklung für alle anstrebt, muss

[237] *Botschaft zum 53. Weltfriedenstag am* 1. Januar 2020 (8. Dezember 2019), 1: *L'Osservatore Romano* (dt.), Jg. 49 (2019), Nr. 51/52 (20. Dezember 2019), S. 8.

man weiter unermüdlich der Aufgabe nachgehen, den Krieg zwischen den Nationen und den Völkern zu vermeiden. Zu diesem Zweck muss die unangefochtene Herrschaft des Rechtes sichergestellt werden sowie der unermüdliche Rückgriff auf die Verhandlung, die guten Dienste und auf das Schiedsverfahren, wie es in der *Charta der Vereinten Nationen,* einer wirklich grundlegenden Rechtsnorm, vorgeschlagen wird«.[238] Ich möchte unterstreichen, dass die 75 Jahre der Vereinten Nationen und die Erfahrung der ersten 20 Jahre dieses Jahrtausends zeigen, dass die vollständige Anwendung internationaler Regeln wirklich effektiv und ihre Nichteinhaltung schädlich ist. Die *Charta der Vereinten Nationen* ist, wenn sie respektiert und mit Transparenz und Ehrlichkeit angewandt wird, ein verpflichtender Maßstab für Gerechtigkeit und ein Werkzeug für den Frieden. Aber das verlangt, dass wir unrechtmäßige Absichten nicht verschleiern oder die Partikularinteressen eines Landes oder einer Gruppierung über das globale Gemeinwohl stellen. Wenn die Norm als ein Instrument betrachtet wird, das eingesetzt wird, wenn es von Vorteil ist, und vermieden, wenn es nicht so ist, dann werden unkontrollierbare Kräfte freigesetzt, die den Gesellschaften, den Schwächsten, der Geschwisterlichkeit, der Umwelt und den Kulturgütern großen Schaden

---

[238] *Ansprache vor den Vereinten Nationen,* New York (25. September 2015): *AAS* 107 (2015), 1041-1042.

196

zufügen, mit unwiederbringlichen Verlusten für die Weltgemeinschaft.

258. So entscheidet man sich dann leicht zum Krieg unter allen möglichen angeblich humanitären, defensiven oder präventiven Vorwänden, einschließlich der Manipulation von Informationen. In der Tat gaben in den letzten Jahrzehnten alle Kriege vor, „gerechtfertigt" zu sein. Der *Katechismus der Katholischen Kirche* spricht von der Möglichkeit einer legitimen *Verteidigung* mit militärischer Gewalt, was den Nachweis voraussetzt, dass einige »strenge Bedingungen« gegeben sind, unter denen diese Entscheidung »sittlich vertretbar«[239] ist. Aber es ist leicht, in eine allzu weite Auslegung dieses möglichen Rechts zu verfallen. Dann will man selbst „präventive" Angriffe oder kriegerische Handlungen unzulässigerweise rechtfertigen, bei denen sich kaum »Schäden und Wirren«, »die schlimmer sind als das zu beseitigende Übel«,[240] vermeiden lassen. Der springende Punkt ist, dass durch die Entwicklung nuklearer, chemischer und biologischer Waffen und durch die enormen und wachsenden Möglichkeiten der neuen Technologien der Krieg eine außer Kontrolle geratene Zerstörungskraft erreicht hat, die viele unschuldige Zivilisten trifft. Es stimmt: »Nie hatte die Menschheit so viel Macht über sich selbst, und nichts kann garantieren,

---

[239] Nr. 2309.
[240] *Ebd.*

dass sie diese gut gebrauchen wird«.[241] Deshalb können wir den Krieg nicht mehr als Lösung betrachten, denn die Risiken werden wahrscheinlich immer den hypothetischen Nutzen, der ihm zugeschrieben wurde, überwiegen. Angesichts dieser Tatsache ist es heute sehr schwierig, sich auf die in vergangenen Jahrhunderten gereiften rationalen Kriterien zu stützen, um von einem eventuell „gerechten Krieg" zu sprechen. Nie wieder Krieg![242]

259. Es ist wichtig hinzuzufügen, dass mit der Entwicklung der Globalisierung das, was als sofortige oder praktische Lösung für ein Gebiet der Erde erscheinen mag, eine Kettenreaktion von oft versteckt verlaufenden Gewaltfaktoren auslöst, die schließlich *den gesamten Planeten* betrifft und den Weg für zukünftige neue und schlimmere Kriege bereitet. In unserer Welt gibt es nicht mehr nur „Stücke" von Krieg in dem einen oder anderen Land, sondern einen „Weltkrieg in Stücken", weil die Schicksale der Nationen auf der Weltbühne zutiefst miteinander verflochten sind.

---

[241] Enzyklika *Laudato si'* (24. Mai 2015), 104: *AAS* 107 (2015), 888.

[242] Auch der heilige Augustinus, der eine Theorie vom „gerechten Krieg" ausgearbeitet hat, die wir heute nicht mehr vertreten, sagte: »Eine größere Ehre ist es, den Krieg mit dem Wort zu töten und den Frieden mit dem Frieden und nicht mit dem Krieg zu erreichen und zu erlangen, als ihn den Menschen mit dem Schwert zu geben« (*Epistula* 229,2: *PL* 33, 1020).

260. So sagte der heilige Johannes XXIII.: »Darum widerstrebt es [...] der Vernunft, den Krieg noch als das geeignete Mittel zur Wiederherstellung verletzter Rechte zu betrachten«.[243] Er erklärte dies in einer Zeit großer internationaler Spannungen und drückte damit den tiefen Wunsch nach Frieden aus, der sich zur Zeit des Kalten Krieges breitmachte. Er bekräftigte die Überzeugung, dass die Argumente für den Frieden stärker sind als jedes Kalkül privater Interessen und als jedes Vertrauen in den Einsatz von Waffen. Aber die Chancen, die das Ende des Kalten Krieges bot, wurden nicht ausreichend genutzt, weil es an einer Zukunftsvision und einem allgemein geteilten Bewusstsein für unser gemeinsames Schicksal fehlte. Stattdessen gab man der Verfolgung privater Interessen nach, ohne sich um das universale Gemeinwohl zu kümmern. So hat sich das trügerische Gespenst des Krieges erneut einen Weg gebahnt.

261. Jeder Krieg hinterlässt die Welt schlechter, als er sie vorgefunden hat. Krieg ist ein Versagen der Politik und der Menschheit, eine beschämende Kapitulation, eine Niederlage gegenüber den Mächten des Bösen. Halten wir uns nicht mit theoretischen Diskussionen auf, sondern treten wir in Kontakt mit den Wunden, berühren wir das Fleisch der Verletzten. Schauen wir auf die vielen massakrierten Zivilisten als „Kollateral-

---

[243] Enzyklika *Pacem in terris* (11. April 1963), 67: *AAS* 55 (1963), 291.

schäden". Fragen wir die Opfer. Achten wir auf die Flüchtlinge, auf diejenigen, die unter atomarer Strahlung oder chemischen Angriffen gelitten haben, auf die Frauen, die ihre Kinder verloren haben, auf die Kinder, die verstümmelt oder ihrer Kindheit beraubt wurden. Achten wir auf die Wahrheit dieser Gewaltopfer, betrachten wir die Realität mit ihren Augen und hören wir ihren Berichten mit offenem Herzen zu. Dann können wir den Abgrund des Bösen im Innersten des Krieges sehen, und es wird uns nicht stören, als naiv betrachtet zu werden, weil wir uns für den Frieden entschieden haben.

262. Auch Regeln werden nicht ausreichen, wenn man meint, die Lösung der heutigen Probleme bestünde darin, andere durch Angst abzuschrecken, indem man mit dem Einsatz von nuklearen, chemischen oder biologischen Waffen droht. Denn »zieht man die Hauptbedrohungen für Frieden und Sicherheit mit ihren vielen Aspekten in dieser multipolaren Welt des 21. Jahrhunderts in Betracht – wie zum Beispiel Terrorismus, asymmetrische Konflikte, Cyber-Sicherheit, Umweltprobleme, Armut –, dann kommen einem nicht wenige Zweifel aufgrund der Unangemessenheit nuklearer Abschreckung als wirksamer Antwort auf diese Herausforderungen. Diese Sorgen werden noch größer, wenn wir an die katastrophalen humanitären und ökologischen Konsequenzen denken, die der Einsatz von Atomwaffen haben würde, mit verheeren-

den, in Zeit und Raum unkontrollierbaren Folgen für alle. [...] Wir müssen uns auch die Frage stellen, wie nachhaltig eine auf Angst gegründete Stabilität sein kann, insofern sie die Angst noch vergrößert und vertrauensvolle Beziehungen zwischen den Völkern untergräbt. Internationaler Frieden und internationale Stabilität dürfen nicht auf ein falsches Gefühl der Sicherheit gegründet sein, auf die Androhung gegenseitiger Zerstörung oder totaler Auslöschung oder indem man bloß ein Kräftegleichgewicht aufrechterhält. [...] In diesem Kontext wird das letzte Ziel der vollkommenen Abschaffung von Atomwaffen sowohl zu einer Herausforderung als auch zu einer moralischen und humanitären Pflicht. […] Zunehmende Interdependenz und wachsende Globalisierung bedeuten, dass jedwede Antwort auf die Bedrohung durch Atomwaffen kollektiv und abgestimmt erfolgen sowie auf gegenseitiges Vertrauen gegründet sein sollte. Dieses Vertrauen kann nur durch einen Dialog aufgebaut werden, der ehrlich auf das Gemeinwohl abzielt und nicht auf den Schutz von verschleierten Interessen oder Eigeninteressen«.[244] Und mit dem Geld, das für Waffen und andere Militärausgaben verwendet wird, richten wir einen Weltfonds ein,[245] um dem Hunger ein für alle Mal ein Ende

---

[244] *Botschaft an die UN-Konferenz für die Aushandlung eines rechtlich bindenden Instruments zum Verbot von Nuklearwaffen* (23. März 2017): *AAS* 109 (2017), 394-396

[245] Vgl. PAUL VI., Enzyklika *Populorum Progressio* (26. März 1967), 51: *AAS* 59 (1967), 282.

zu setzen und die Entwicklung der ärmsten Länder zu fördern, damit ihre Bewohner nicht zu gewaltsamen oder trügerischen Lösungen greifen oder ihre Länder verlassen müssen, um ein menschenwürdigeres Leben zu suchen.

Die Todesstrafe

263. Es gibt einen weiteren Weg, den anderen zu vernichten, bei dem es nicht um Länder, sondern um Menschen geht. Es ist die Todesstrafe. Der heilige Johannes Paul II. hat klar und entschieden erklärt, dass sie auf moralischer Ebene ungeeignet und schon auf strafrechtlicher Ebene unnötig ist.[246] Es ist unmöglich, an ein Zurückfallen hinter diese Position zu denken. Heute sagen wir klar und deutlich, dass »die Todesstrafe unzulässig ist«[247], und die Kirche setzt sich mit Entschlossenheit dafür ein, zur Abschaffung der Todesstrafe in der ganzen Welt aufzurufen.[248]

264. Das Neue Testament fordert zwar den Einzelnen auf, Vergeltung nicht selbst in die Hand zu nehmen (vgl. *Röm* 12,17.19), erkennt aber gleichzeitig die Notwendigkeit an, dass die

---

[246] Vgl. Enzyklika *Evangelium vitae* (25. März 1995), 56: *AAS* 87 (1995), 463-464.

[247] *Ansprache anlässlich des 25. Jahrestages der Veröffentlichung des Katechismus der Katholischen Kirche* (11. Oktober 2017): *AAS* 109 (2017), 1196.

[248] Vgl. KONGREGATION FÜR DIE GLAUBENSLEHRE, *Brief an die Bischöfe zur Neuformulierung von Nr. 2267 des Katechismus der Katholischen Kirche zur Todesstrafe* (1. August 2018): *L'Osservatore Romano* (dt.), Jg. 48 (2018), Nr. 32/33 (10. August 2018), S. 9.

Obrigkeit diejenigen bestraft, die Böses tun (vgl. *Röm* 13,4; *1 Petr* 2,14). In der Tat braucht »das gemeinsame Leben, das um organisierte Gemeinschaften herum strukturiert ist, [...] Regeln für das Zusammenleben, deren vorsätzliche Verletzung eine angemessene Antwort verlangt«.[249] Dies impliziert, dass die rechtmäßige öffentliche Gewalt »im Verhältnis zur Schwere der Verbrechen Strafen [auferlegen]«[250] kann und muss und dass sie der Justiz »die erforderliche Unabhängigkeit auf dem Gebiet des Rechts«[251] garantiert.

265.   Seit den ersten Jahrhunderten der Kirche haben sich manche klar gegen die Todesstrafe ausgesprochen. Laktanz zum Beispiel war der Meinung, dass »kein Unterschied gemacht werden sollte: Es wird immer ein Verbrechen sein, einen Menschen zu töten«.[252] Papst Nikolaus I. ermahnte: »Strebt danach, nicht nur jeden Unschuldigen, sondern auch alle Schuldigen von der Todesstrafe zu befreien«.[253] Anlässlich des Prozesses gegen Mörder, die zwei Priester getötet hatten, bat der heilige Augustinus den Richter, den Mördern nicht das Leben zu nehmen, und er begründete dies so: »Damit wollen wir nicht

---

[249] *Ansprache an eine Delegation der Internationalen Strafrechtsgesellschaft* (23. Oktober 2014): *AAS* 106 (2014), 840.
[250] PÄPSTLICHER RAT FÜR GERECHTIGKEIT UND FRIEDEN, *Kompendium der Soziallehre der Kirche*, 402.
[251] JOHANNES PAUL II., *Ansprache an den Italienischen Nationalen Richterverband* (31. März 2000), 4: *AAS* 92 (2000), 633.
[252] *Divinae Institutiones* VI, 20,17: *PL* 6, 708.
[253] *Epistula* 97 (*responsa ad consulta bulgarorum*), 25: *PL* 119, 991.

verhindern, dass Übeltätern die Möglichkeit zu Verbrechen genommen wird. Wir wollen, dass sie am Leben und an allen ihren Gliedern unversehrt bleiben und es vielmehr ausreicht, dass sie entweder durch den Druck der Gesetze von ihrer ungesunden Unruhe zu einem gesunden Leben hingeführt werden oder mit irgendeiner nützlichen Aufgabe von ihren bösen Taten befreit werden. Auch das nennt man Verurteilung. Wer aber wird nicht verstehen, dass es eher ein Nutzen denn eine Strafe ist, da die verwegene Wut nicht frei gelassen wird, noch die Medizin der Reue weggenommen wird? [...] Erzürne dich gegen die Ungerechtigkeit, ohne jedoch die Menschlichkeit zu vergessen. Stille nicht deine Rachsucht gegen die Gräueltaten der Sünder, sondern lenke deinen Willen darauf, die Wunden dieser Sünder zu heilen«.[254]

266. Ängste und Ressentiments führen leicht dazu, Strafen im rachsüchtigen, wenn nicht sogar grausamen Sinn zu interpretieren, statt als Teil eines Prozesses der Heilung und Wiedereingliederung in die Gesellschaft. Heute wird »sowohl durch einige Sektoren der Politik als auch von Seiten einiger Kommunikationsmittel manchmal zu Gewalt und Rache – in öffentlicher oder in privater Form – angestiftet [...], nicht nur gegen jene, die für Verbrechen verantwortlich sind, sondern auch gegen jene, auf die der – begründete oder unbegründete – Verdacht fällt, das Gesetz

---

[254] AUGUSTINUS, *Epistula ad Marcellinum* 133, 1.2: *PL* 33, 509.

übertreten zu haben. [...] [Es gibt] die Tendenz, absichtlich Feindbilder aufzubauen: Klischeegestalten, die all jene Merkmale in sich vereinen, die die Gesellschaft als bedrohlich wahrnimmt oder interpretiert. Dieselben Mechanismen, die zur Herausbildung dieser Bilder führen, haben seinerzeit die Verbreitung rassistischer Ideen gestattet«.[255] Dadurch wurde die in einigen Ländern zunehmende Praxis, die Untersuchungshaft, die Inhaftierung ohne Gerichtsverfahren und speziell die Todesstrafe anzuwenden, besonders gefährlich.

267.   Wie ich betonen möchte, ist es »unvorstellbar, dass die Staaten heute nicht über andere Mittel verfügen als die Todesstrafe, um das Leben anderer Menschen vor ungerechten Angreifern zu schützen«. Besonders schwerwiegend sind »die sogenannten außergerichtlichen oder extralegalen Hinrichtungen«. Es handelt sich dabei um »vorsätzliche Morde, die von einigen Staaten und ihren Vertretern begangen werden; oft gehen sie als Auseinandersetzungen mit Verbrechern durch oder werden als unerwünschte Folgen des vernünftigen, notwendigen und angemessenen Gebrauchs von Gewalt zur Durchsetzung des Gesetzes dargestellt«.[256]

---

[255] *Ansprache vor einer Delegation der Internationalen Strafrechtsgesellschaft* (23. Oktober 2014): *AAS* 106 (2014), 840-841.
[256] *Ebd.*, 842.

268. »Es gibt zahlreiche wohlbekannte Argumente gegen die Todesstrafe. Die Kirche hat es für richtig befunden, einige davon hervorzuheben, wie die Möglichkeit eines Justizirrtums und den Gebrauch, den totalitäre und diktatorische Regime von ihr machen, die sie als Mittel zur Unterdrückung politischer Opposition oder zur Verfolgung religiöser und kultureller Minderheiten einsetzen; all ihre Opfer sind ihrer jeweiligen Gesetzgebung zufolge „Verbrecher". Alle Christen und Menschen guten Willens sind daher heute aufgerufen, nicht nur für die Abschaffung der Todesstrafe – ganz gleich, ob diese legal oder illegal ist – in allen ihren Formen, sondern auch für die Verbesserung der Lebensbedingungen in den Gefängnissen zu kämpfen, unter Achtung der Menschenwürde der Personen, denen die Freiheit entzogen ist. Und dies verbinde ich mit der lebenslangen Freiheitsstrafe. [...] Die lebenslange Freiheitsstrafe ist eine versteckte Todesstrafe«.[257]

269. Denken wir daran: »Nicht einmal der Mörder verliert seine Personenwürde, und Gott selber leistet dafür Gewähr«.[258] Die entschiedene Ablehnung der Todesstrafe zeigt, wie weit wir die unveräußerliche Würde jedes Menschen anerkennen und akzeptieren können, dass auch er seinen Platz in dieser Welt hat. Denn wenn

---

[257] *Ebd.*
[258] JOHANNES PAUL II., Enzyklika *Evangelium vitae* (25. März 1995), 9: *AAS* 87 (1995), 411.

ich ihn nicht dem schlimmsten aller Kriminellen abstreite, werde ich ihn niemandem absprechen. Ich werde allen die Möglichkeit geben, diesen Planeten mit mir zu teilen, ungeachtet dessen, was uns trennen mag.

270. Die Christen, die zweifeln und versucht sind, jedweder Form von Gewalt nachzugeben, lade ich ein, sich an diese Verkündigung aus dem Buch Jesaja zu erinnern: »Dann werden sie ihre Schwerter zu Pflugscharen umschmieden« (*Jes* 2,4). Für uns nimmt diese Prophezeiung Fleisch an in Jesus Christus, der dem von der Gewalt versuchten Jünger entschieden sagte: »Steck dein Schwert in die Scheide; denn alle, die zum Schwert greifen, werden durch das Schwert umkommen« (*Mt* 26,52). Das war ein Echo jener alten Warnung: »Für das Leben des Menschen fordere ich Rechenschaft von jedem, der es seinem Bruder nimmt. Wer Blut eines Menschen vergießt, um dieses Menschen willen wird auch sein Blut vergossen« (*Gen* 9,5-6). Diese Reaktion Jesu, die seinem Herzen entsprang, überwindet die Distanz der Jahrhunderte und reicht bis ins Heute als beständige Mahnung.

ACHTES KAPITEL

DIE RELIGIONEN IM DIENST AN DER GESCHWISTERLICHKEIT IN DER WELT

271.   Ausgehend von der Wertschätzung jedes Menschen als Geschöpf mit der Berufung zur Gotteskindschaft, leisten die verschiedenen Religionen einen wertvollen Beitrag zum Aufbau von Geschwisterlichkeit und zur Verteidigung der Gerechtigkeit in der Gesellschaft. Der Dialog zwischen Menschen verschiedener Religionen findet nicht nur aus Diplomatie, Freundlichkeit oder Toleranz statt. So schreiben die Bischöfe Indiens: »Das Ziel des Dialogs ist es, Freundschaft, Frieden und Harmonie zu begründen sowie moralische und spirituelle Werte und Erfahrungen in einem Geist der Wahrheit und Liebe zu teilen«.[259]

DIE TIEFSTE GRUNDLAGE

272.   Als Gläubige sind wir davon überzeugt, dass es ohne eine Offenheit gegenüber dem Vater aller keine soliden und beständigen Gründe für den Aufruf zur Geschwisterlichkeit geben

---

[259] KATHOLISCHE BISCHOFSKONFERENZ VON INDIEN, *Response of the Church in India to the present day Challenges* (9. März 2016).

kann. Wir sind überzeugt: »Nur mit diesem Bewusstsein von Kindern, die keine Waisen sind, können wir untereinander in Frieden leben«.[260] Denn »die Vernunft für sich allein ist imstande, die Gleichheit unter den Menschen zu begreifen und ein bürgerliches Zusammenleben herzustellen, aber es gelingt ihr nicht, Brüderlichkeit zu schaffen«.[261]

273. In diesem Sinne möchte ich an einen denkwürdigen Text erinnern: »Wenn es keine transzendente Wahrheit gibt, der gehorchend der Mensch zu seiner vollen Identität gelangt, gibt es kein sicheres Prinzip, das gerechte Beziehungen zwischen den Menschen gewährleistet. Ihr Klasseninteresse, Gruppeninteresse und nationales Interesse bringt sie unweigerlich in Gegensatz zueinander. Wenn die transzendente Wahrheit nicht anerkannt wird, dann triumphiert die Gewalt der Macht und jeder trachtet, bis zum Äußersten von den ihm zur Verfügung stehenden Mitteln Gebrauch zu machen, um ohne Rücksicht auf die Rechte des anderen sein Interesse und seine Meinung durchzusetzen. [...] Die Wurzel des modernen Totalitarismus liegt also in der Verneinung der transzendenten Würde des Menschen, der sichtbares Abbild des unsichtbaren Gottes ist. Eben deshalb, auf Grund seiner Natur, ist er

---

[260] *Homilie in der heiligen Messe*, Domus Sanctae Marthae (17. Mai 2020).
[261] BENEDIKT XVI., Enzyklika *Caritas in veritate* (29. Juni 2009), 19: *AAS* 101 (2009), 655.

Subjekt von Rechten, die niemand verletzen darf: weder der einzelne, noch die Gruppe, die Klasse, die Nation oder der Staat. Auch die gesellschaftliche Mehrheit darf das nicht tun, indem sie gegen eine Minderheit vorgeht«.[262]

274. Aus unserer Glaubenserfahrung und aus der Weisheit, die sich im Laufe der Jahrhunderte angesammelt hat, aber auch dank des Lernens aus unseren vielen Schwächen und Stürzen wissen wir Gläubige verschiedener Religionen, dass es für unsere Gesellschaften gut ist, wenn wir Gott in ihnen gegenwärtig machen. Solange wir die aufrichtige Gottessuche nicht mit unseren ideologischen oder zweckmäßigen Interessen verdunkeln, hilft sie dabei, uns alle als Weggefährten zu begreifen, wirklich als Brüder und Schwestern. Wir glauben: »Wenn man im Namen einer Ideologie Gott aus der Gesellschaft ausstoßen will, betet man schließlich Götzen an, und sehr bald verliert der Mensch sich selber, wird seine Würde mit Füßen getreten und werden seine Rechte verletzt. Ihr wisst genau, zu welchen Brutalitäten der Entzug der Gewissens- und der Religionsfreiheit führen kann und wie aus dieser Wunde eine von Grund auf erschöpfte Menschheit hervorgeht, weil sie keine Hoffnung und keine geistigen Anhaltspunkte hat«.[263]

---

[262] JOHANNES PAUL II., Enzyklika *Centesimus annus* (1. Mai 1991), 44: *AAS* 83 (1991), 849.
[263] *Ansprache an die Führer anderer Religionen und christlicher Konfessionen*, Tirana, Albanien (21. September 2014): *L'Osservatore Romano* (dt.), Jg. 44 (2014), Nr. 39 (26. September 2014), S. 7.

275. Es muss gesehen werden, dass »Haupt-
ursachen für die Krise der modernen Welt ein
betäubtes menschliches Gewissen und eine Entfremdung von religiösen Werten sowie die Domi-
nanz von Individualismus und materialistischen
Philosophien sind, die den Menschen vergöttli-
chen und weltliche wie auch materielle Werte an
die Stelle der höchsten und transzendenten Prinzipien setzen«.[264] Wir dürfen nicht zulassen, dass
nur die Mächtigen und die Wissenschaftler eine
Stimme in der öffentlichen Debatte besitzen. Es
muss einen Raum für die Reflektion geben, der
auf einen religiösen Hintergrund zurückgeht,
der die jahrhundertelange Erfahrung und Weisheit sammelt. »Die klassischen religiösen Texte
[können] für alle Zeiten von Bedeutung sein […]
und eine motivierende Kraft besitzen, die immer
neue Horizonte öffnet, das Denken anregt, den
Geist weitet und das Feingefühl erhöht«. Tatsächlich aber werden sie »verachtet wegen ihres
Mangels an rationalistischer Sichtweise«.[265]

276. Aus diesen Gründen respektiert die Kirche zwar die Autonomie der Politik, beschränkt
aber ihre eigene Mission nicht auf den privaten
Bereich. Im Gegenteil, sie kann und darf beim
Aufbau einer besseren Welt nicht abseits ste-

---

[264] *Dokument über die Brüderlichkeit aller Menschen für ein friedliches Zusammenleben in der Welt*, Abu Dhabi, Vereinigte Arabische Emirate (4. Februar 2019): *L'Osservatore Romano* (dt.), Jg. 49
(2019), Nr. 7 (15. Februar 2019), S. 8.
[265] Apostolisches Schreiben *Evangelii gaudium* (24. November 2013), 256: *AAS* 105 (2013), 1123.

hen, noch darf sie es versäumen, »die seelischen Kräfte [zu] wecken«[266], die das ganze Leben der Gesellschaft bereichern können. Es stimmt, dass religiöse Amtsträger keine Parteipolitik betreiben sollten, die den Laien zusteht, aber sie können auch nicht auf die politische Dimension der Existenz verzichten[267], die eine ständige Aufmerksamkeit für das Gemeinwohl und die Sorge um eine ganzheitliche menschliche Entwicklung umfasst. Die Kirche »hat eine öffentliche Rolle, die sich nicht in ihrem Einsatz in der Fürsorge oder der Erziehung erschöpft«, sondern sich in den »Dienst der Förderung des Menschen und der weltweiten Geschwisterlichkeit«[268] stellt. Sie hat nicht vor, weltliche Macht zu erlangen, sondern als »eine Familie unter Familien – das ist die Kirche –« zu dienen, die »offen dafür ist, der heutigen Welt den Glauben, die Hoffnung und die Liebe zum Herrn und zu denen, die er besonders liebt, zu bezeugen. Ein Haus mit offenen Türen. Die Kirche ist ein Haus mit offenen Türen, weil sie Mutter ist«.[269] Und wie Maria, die Mutter Jesu, »wollen wir eine Kirche sein, die dient, die aufbricht, die aus ihren Kirchen herausgeht, die aus ihren Sakristeien herausgeht, um das Leben

---

[266] BENEDIKT XVI., Enzyklika *Deus caritas est* (25. Dezember 2005), 28: *AAS* 98 (2006), 240.

[267] »Der Mensch ist ein Gemeinschaftswesen« [*zoon politikon*]: ARISTOTELES, *Politik* 1253a 1-3.

[268] BENEDIKT XVI., Enzyklika *Caritas in veritate* (29. Juni 2009), 11: *AAS* 101 (2009), 648.

[269] *Ansprache an die katholische Gemeinschaft*, Rakovski, Bulgarien (6. Mai 2019): *L'Osservatore Romano* (dt.), Jg. 49 (2019), Nr. 20/21 (17. Mai 2019), S. 8.

zu begleiten, die Hoffnung zu unterstützen und Zeichen der Einheit [...] zu sein [...], um Brücken zu spannen, Mauern zu durchbrechen und Versöhnung auszusäen«.[270]

Die christliche Identität

277.   Die Kirche schätzt das Handeln Gottes in anderen Religionen und »lehnt nichts von alledem ab, was in diesen Religionen wahr und heilig ist. Mit aufrichtigem Ernst betrachtet sie jene Handlungs- und Lebensweisen, jene Vorschriften und Lehren, die [...] nicht selten einen Strahl jener Wahrheit erkennen lassen, die alle Menschen erleuchtet«.[271] Aber wir Christen wissen: »Wenn die Musik des Evangeliums nicht mehr unser Inneres in Schwingung versetzt, werden wir die Freude verlieren, die aus dem Mitgefühl entsteht, die Zartheit, die aus dem Vertrauen kommt, die Fähigkeit zur Versöhnung, die ihre Quelle in dem Wissen hat, dass uns vergeben wurde und dass auch wir vergeben sollen. Wenn die Musik des Evangeliums in unseren Häusern, in der Öffentlichkeit, an unseren Arbeitsplätzen, in der Politik und der Wirtschaft nicht mehr zu hören ist, dann haben wir wohl die Melodie abgeschaltet, die uns herausfordert, für die Würde jedes Mannes und jeder Frau ungeachtet ihrer Herkunft zu kämp-

---

[270] *Homilie in der heiligen Messe,* Santiago de Cuba (22. September 2015): *AAS* 107 (2015), 1005.

[271] ZWEITES VATIKANISCHES ÖKUMENISCHES KONZIL, Erklärung *Nostra aetate* über das Verhältnis der Kirche zu den nichtchristlichen Religionen, 2.

fen«.[272] Andere nähren sich aus anderen Quellen. Für uns liegt die Quelle der Menschenwürde und Geschwisterlichkeit im Evangelium Jesu Christi. Aus diesem »entspringt für das christliche Denken und für das Handeln der Kirche der Primat, der der Beziehung vorbehalten wird: der Begegnung mit dem heiligen Geheimnis des anderen und der universalen Gemeinschaft mit der ganzen Menschheit als Berufung aller«.[273]

278.   Die Kirche ist dazu berufen, sich an allen Enden der Welt zu inkarnieren, und ist seit Jahrhunderten an jedem Ort der Erde gegenwärtig – das heißt „katholisch". Somit kann sie aus ihrer Erfahrung von Gnade und Sünde heraus die Schönheit der Einladung zur universalen Liebe verstehen. Denn »alles Menschliche geht uns ja an. […] Wo immer Versammlungen der Völker stattfinden, um die Rechte und Pflichten des Menschen festzusetzen, ist es eine Ehre für uns, wenn sie nur damit einverstanden sind, dass wir daran teilnehmen«.[274] Für viele Christen hat dieser Weg der Geschwisterlichkeit auch eine Mutter, die Maria heißt. Sie hat diese universale Mutterschaft unter dem Kreuz empfangen (vgl. *Joh*

[272] *Ansprache bei der ökumenischen Begegnung*, Riga, Lettland (24. September 2018): *L'Osservatore Romano* (dt.), Jg. 48 (2018), Nr. 41 (12. Oktober 2018), S. 8.
[273] *Lectio Divina an der Päpstlichen Lateran-Universität* (26. März 2019): *L'Osservatore Romano* (dt.), Jg. 49 (2019), Nr. 14 (5. April 2019), S. 10.
[274] PAUL VI., Enzyklika *Ecclesiam Suam* (6. August 1964), 44: *AAS* 56 (1964), 650.

19,26), und ihre Sorge gilt nicht nur Jesus, sondern auch »ihren übrigen Nachkommen« (*Offb* 12,17). Mit der Kraft des Auferstandenen will sie eine neue Welt gebären, in der wir alle Brüder und Schwestern sind, in der es für jeden von unserer Gesellschaft verstoßenen Menschen Platz gibt, in der Gerechtigkeit und Frieden herrschen.

279. Als Christen fordern wir in Ländern, in denen wir eine Minderheit darstellen, eine Garantie für unsere Freiheit. Genauso befürworten wir sie für diejenigen, die nicht Christen sind, dort, wo sie eine Minderheit bilden. Es gibt ein grundlegendes Menschenrecht, das auf dem Weg zur Geschwisterlichkeit und zum Frieden nicht vergessen werden darf, und das ist die Religionsfreiheit für die Gläubigen aller Religionen. Diese Freiheit bekräftigt, dass es möglich ist, »zwischen unterschiedlichen Kulturen und Religionen zu einem guten Einvernehmen zu gelangen; sie bezeugt, dass die Dinge, die wir gemeinsam haben, so zahlreich und wichtig sind, dass es möglich ist, einen Weg entspannten, geordneten und friedlichen Zusammenlebens zu finden, indem man die Unterschiede akzeptiert und sich freut, als Kinder eines einzigen Gottes Geschwister zu sein«.[275]

280. Zugleich bitten wir Gott um die Stärkung der Einheit innerhalb der Kirche. Eine Einheit,

---

[275] *Begegnung mit Vertretern der Regierung und des öffentlichen Lebens Palästinas*, Bethlehem (25. Mai 2014): *L'Osservatore Romano* (dt.), Jg. 44 (2014), Nr. 22 (30. Mai 2014), S. 5.

die durch Unterschiede bereichert wird, die durch das Wirken des Heiligen Geistes miteinander versöhnt werden. Denn »durch den einen Geist wurden wir in der Taufe alle in einen einzigen Leib aufgenommen« (*1 Kor* 12,13), wo jeder seinen eigenen, unverwechselbaren Beitrag leistet. Wie der heilige Augustinus sagte: »Das Ohr sieht durch das Auge, und das Auge hört durch das Ohr«.[276] Es ist darüber hinaus dringend notwendig, weiterhin Zeugnis von einem Weg der Begegnung zwischen den verschiedenen christlichen Konfessionen zu geben. Wir können den von Christus geäußerten Wunsch nicht vergessen: »Alle sollen eins sein« (*Joh* 17,21). Wenn wir seinen Aufruf hören, erkennen wir mit Schmerz, dass dem Globalisierungsprozess noch immer der prophetische und spirituelle Beitrag der Einheit aller Christen fehlt. Aber »auch während wir noch auf dem Weg zur vollen Gemeinschaft sind, haben wir bereits die Pflicht, gemeinsam die Liebe Gottes zu allen Menschen zu bezeugen, indem wir im Dienst der Menschlichkeit zusammenarbeiten«.[277]

RELIGION UND GEWALT

281. Zwischen den Religionen ist ein Weg des Friedens möglich. Der Ausgangspunkt muss der

---

[276] AUGUSTINUS, *Enarrationes in Psalmos*, 130, 6: *PL* 37, 1707.

[277] *Gemeinsame Erklärung des Heiligen Vaters Papst Franziskus und des Ökumenischen Patriarchen Bartholomaios I.*, Jerusalem (25. Mai 2014), 5: *L'Osservatore Romano* (dt.), Jg. 44 (2014), Nr. 22 (30. Mai 2014), S. 16.

Blick Gottes sein. Denn »Gott schaut nicht mit den Augen, Gott schaut mit dem Herzen. Und Gottes Liebe ist für jeden Menschen gleich, unabhängig von seiner Religion. Und wenn er Atheist ist, ist es die gleiche Liebe. Wenn der jüngste Tag kommt und es genug Licht auf der Erde gibt, um die Dinge so zu sehen, wie sie sind, werden wir viele Überraschungen erleben!«[278]

282. Ebenso »brauchen wir Gläubigen Möglichkeiten zum Gespräch und zum gemeinsamen Einsatz für das Gemeinwohl und die Förderung der Ärmsten. Wir brauchen nicht irgendwelche Abstriche zu machen oder mit unseren eigenen Überzeugungen, die uns viel bedeuten, hinter dem Berg zu halten, um andersdenkenden Menschen begegnen zu können. […] Denn je tiefer, solider und reicher eine Identität ist, desto mehr wird sie andere mit ihrem spezifischen Beitrag bereichern«.[279] Als Gläubige sind wir herausgefordert, zu unseren Quellen zurückzukehren, um uns auf das Wesentliche zu konzentrieren: die Anbetung Gottes und die Nächstenliebe, damit nicht einige Aspekte unserer Lehren, aus dem Zusammenhang gerissen, am Ende Formen der Verachtung, des Hasses, der Fremdenfeindlichkeit und der Ablehnung des anderen fördern. Die Wahrheit ist, dass Gewalt keinerlei Grundla-

---

[278] Aus dem Film *Papst Franziskus – Ein Mann seines Wortes. Die Welt braucht Hoffnung* von Wim Wenders (2018).
[279] Apostolisches Schreiben *Querida Amazonia* (2. Februar 2020), 106.

ge in den fundamentalen religiösen Überzeugungen findet, sondern nur in deren Verformungen.

283.   Die aufrichtige und demütige Verehrung Gottes endet »nicht etwa in Diskriminierung, Hass und Gewalt, sondern in der Achtung vor der Unverletzlichkeit des Lebens, in der Achtung vor der Würde und Freiheit anderer und im liebevollen Einsatz für das Wohl aller«.[280] Es stimmt nämlich: »Wer nicht liebt, hat Gott nicht erkannt; denn Gott ist Liebe« (*1 Joh* 4,8). Deshalb ist »der verdammenswerte Terrorismus, der die Sicherheit der Personen im Osten als auch im Westen, im Norden als auch im Süden bedroht und Panik, Angst und Schrecken sowie Pessimismus verbreitet, [...] nicht der Religion geschuldet – auch wenn die Terroristen sie instrumentalisieren –, sondern den angehäuften falschen Interpretationen der religiösen Texte, den politischen Handlungsweisen des Hungers, der Armut, der Ungerechtigkeit, der Unterdrückung, der Anmaßung; deswegen ist es notwendig, die Unterstützung für die terroristischen Bewegungen durch Bereitstellung von Geldern, Waffen, Plänen oder Rechtfertigungen und auch durch die Medienberichterstattung einzustellen und all dies als internationale Verbrechen anzusehen, die die Sicherheit und den Frieden weltweit bedrohen. Man muss einen derartigen Terrorismus in all seinen

---

[280] *Homilie in der heiligen Messe,* Colombo, Sri Lanka (14. Januar 2015): *AAS* 107 (2015), 139.

Formen und Erscheinungen verurteilen«.[281] Religiöse Überzeugungen von der Heiligkeit des menschlichen Lebens ermöglichen es, »dass wir alle die Grundwerte des gemeinsamen Menschseins anerkennen. Im Namen dieser Werte kann und muss man zusammenarbeiten, aufbauen und miteinander reden, vergeben und wachsen und so es den verschiedenen Stimmen möglich machen, einen edlen harmonischen Gesang zu bilden anstatt fanatischen Hassgeschreis«.[282]

284. Mitunter wird die fundamentalistische Gewalt bei manchen Gruppierungen welcher Religion auch immer durch die Unklugheit ihrer Anführer entfesselt. Doch »das Gebot des Friedens [ist] tief in die von uns vertretenen religiösen Traditionen eingeschrieben [...] Als *religiöse Führungspersönlichkeiten* sind wir dazu aufgefordert, wahre „Dialogpartner" zu sein und bei der Arbeit für den Frieden nicht bloße Mittelsmänner, sondern authentische Mittler zu sein. Mittelsmänner pflegen allen Beteiligten Begünstigungen einzuräumen, um am Ende selbst einen Gewinn einzustreichen. Der Mittler hingegen ist jemand, der nichts für sich selbst behält, sondern sich bis zum Ende großzügig hingibt, wissend,

[281] *Dokument über die Brüderlichkeit aller Menschen für ein friedliches Zusammenleben in der Welt*, Abu Dhabi, Vereinigte Arabische Emirate (4. Februar 2019): *L'Osservatore Romano* (dt.), Jg. 49 (2019), Nr. 7 (15. Februar 2019), S. 9.
[282] *Begegnung mit Vertretern der Regierung und des öffentlichen Lebens*, Sarajevo, Bosnien-Herzegowina (6. Juni 2015): *L'Osservatore Romano* (dt.), Jg. 45 (2015), Nr. 24 (12. Juni 2015), S. 7.

dass sein einziger Gewinn der Frieden sein wird. Ein jeder von uns ist aufgerufen, Friedensstifter zu sein, der einigend wirkt und nicht trennt, der den Hass auslöscht und ihn nicht aufrechterhält, indem er Wege des Dialoges öffnet und keine neuen Mauern errichtet«.[283]

AUFRUF

285. Bei dem brüderlichen Treffen mit dem Großimam Ahmad Al-Tayyib, an das ich mich freudig erinnere, erklärten wir »mit Festigkeit, dass die Religionen niemals zum Krieg aufwiegeln und keine Gefühle des Hasses, der Feindseligkeit, des Extremismus wecken und auch nicht zur Gewalt oder zum Blutvergießen auffordern. Diese Verhängnisse sind Frucht der Abweichung von den religiösen Lehren, der politischen Nutzung der Religionen und auch der Interpretationen von Gruppen von religiösen Verantwortungsträgern, die in gewissen Geschichtsepochen den Einfluss des religiösen Empfindens auf die Herzen der Menschen missbraucht haben [...]. Denn Gott, der Allmächtige, hat es nicht nötig, von jemandem verteidigt zu werden; und er will auch nicht, dass sein Name benutzt wird, um die Menschen zu terrorisieren«.[284] Deshalb möchte

---

[283] *Ansprache anlässlich des von der Gemeinschaft Sant'Egidio organisierten Internationalen Friedenstreffens* (30. September 2013): *L'Osservatore Romano* (dt.), Jg. 43 (2013), Nr. 41 (11. Oktober 2013), S. 16.
[284] *Dokument über die Brüderlichkeit aller Menschen für ein friedliches Zusammenleben in der Welt*, Abu Dhabi, Vereinigte Arabi-

ich hier den Aufruf für Frieden, Gerechtigkeit und Geschwisterlichkeit, den wir gemeinsam gemacht haben, wieder aufgreifen:

»Im Namen Gottes, der alle Menschen mit gleichen Rechten, gleichen Pflichten und gleicher Würde geschaffen hat und der sie dazu berufen hat, als Brüder und Schwestern miteinander zusammenzuleben, die Erde zu bevölkern und auf ihr die Werte des Guten, der Liebe und des Friedens zu verbreiten.

Im Namen der unschuldigen menschlichen Seele, die zu töten Gott verboten hat, wenn er sagt, dass jeder, der einen Menschen ermordet, so ist, als hätte er die ganze Menschheit getötet, und dass jeder, der einen Menschen rettet, so ist, als hätte er die ganze Menschheit gerettet.

Im Namen der Armen, Notleidenden, Bedürftigen und Ausgegrenzten, denen beizustehen nach Gottes Gebot alle verpflichtet sind, insbesondere alle vermögenden und wohlhabenden Menschen.

Im Namen der Waisen, Witwen, Flüchtlinge und aller, die aus ihren Häusern und Heimatländern vertrieben wurden, aller Opfer von Krieg, Verfolgung und Ungerechtigkeit; im Namen aller Schwachen, aller in Angst lebenden Menschen, der Kriegsgefangenen und der Gefolterten überall auf der Welt, ohne irgendeinen Unterschied.

Im Namen der Völker, die der Sicherheit,

sche Emirate (4. Februar 2019): *L'Osservatore Romano* (dt.), Jg. 49 (2019), Nr. 7 (15. Februar 2019), S. 8-9.

des Friedens und des gemeinsamen Zusammenlebens entbehren und Opfer von Zerstörung,
Niedergang und Krieg wurden.

Im Namen der *Brüderlichkeit aller Menschen*,
die alle umfasst, vereint und gleich macht an
Würde.

Im Namen dieser *Brüderlichkeit*, welche durch
die politischen Bestrebungen von Integralismus
und Spaltung sowie durch maßlos gewinnori-
entierte Systeme und abscheuliche ideologische
Tendenzen, die die Handlungen und Schicksale
der Menschen manipulieren, entzweit wird.

Im Namen der Freiheit, die Gott allen Menschen geschenkt hat, als er sie frei geschaffen und
mit dieser besonderen Würde ausgezeichnet hat.

Im Namen der Gerechtigkeit und der Barmherzigkeit, den Grundlagen des Wohlstands und
den Eckpfeilern des Glaubens.

Im Namen aller Menschen guten Willens an
allen Orten der Welt.

Im Namen Gottes und all des eben Gesag-
ten […] [nehmen wir] die Kultur des Dialogs als
Weg, die allgemeine Zusammenarbeit als Ver-
haltensregel und das gegenseitige Verständnis als
Methode und Maßstab [an]«.[285]

* * *

286. Bei diesen Überlegungen zur Geschwisterlichkeit aller Menschen habe ich mich be-

[285] *Ebd.*

sonders von Franz von Assisi, aber auch von nichtkatholischen Brüdern inspirieren lassen: Martin Luther King, Desmond Tutu, Mahatma Gandhi und viele andere. Zum Schluss möchte ich jedoch an einen weiteren Menschen tiefen Glaubens erinnern, der aus seiner intensiven Gotteserfahrung heraus einen Weg der Verwandlung gegangen ist, bis er sich als Bruder aller fühlte. Dies ist der selige Charles de Foucauld.

287.   Seine Vision einer Ganzhingabe an Gott fand ihre Verwirklichung schließlich in seiner Identifikation mit den Geringsten und Verlassenen in den Weiten der afrikanischen Wüste. In diesem Zusammenhang äußerte Charles de Foucauld den Wunsch, sich als Bruder eines jeden Menschen empfinden zu können.[286] So bat er einen Freund: »Beten Sie zu Gott, dass ich wirklich der Bruder aller Seelen [...] sein kann«.[287] Er wollte letztendlich »der Bruder aller«[288] sein. Aber nur durch die Identifikation mit den Geringsten wurde er zum Bruder aller Menschen. Möge Gott jeden von uns zu dieser Vision inspirieren. Amen.

---

[286] Vgl. CHARLES DE FOUCAULD, *Méditation sur le Notre Père* (23. Januar 1897).

[287] DERS., *Lettre à Henry de Castries* (29. November 1901).

[288] DERS., *Lettre à Madame de Bondy* (7. Januar 1902). So nannte ihn auch der heilige Paul VI. und lobte sein Engagement: Enzyklika *Populorum Progressio* (26. März 1967), 12: *AAS* 59 (1967), 263.

Gebet zum Schöpfer

Herr und Vater der Menschheit,
du hast alle Menschen mit gleicher Würde
erschaffen.
Gieße den Geist der Geschwisterlichkeit
in unsere Herzen ein.
Wecke in uns den Wunsch nach einer neuen
Art der Begegnung,
nach Dialog, Gerechtigkeit und Frieden.
Sporne uns an, allerorts bessere Gesellschaften aufzubauen
und eine menschenwürdigere Welt
ohne Hunger und Armut, ohne Gewalt und
Krieg.

Gib, dass unser Herz sich
allen Völkern und Nationen der Erde öffne,
damit wir das Gute und Schöne erkennen,
das du in sie eingesät hast,
damit wir engere Beziehungen knüpfen
vereint in der Hoffnung und in gemeinsamen Zielen. Amen.

Ökumenisches Gebet

Herr, unser Gott, dreifaltige Liebe,
lass aus der Kraft deiner innergöttlichen
Gemeinschaft
die geschwisterliche Liebe in uns hinein-
strömen.
Schenke uns die Liebe, die in den Taten Jesu,
in der Familie von Nazaret und in der Gemeinschaft der ersten Christen aufscheint.

Gib, dass wir Christen das Evangelium leben
und in jedem Menschen Christus sehen können,
dass wir ihn in der Angst der Verlassenen
und Vergessenen dieser Welt
als den Gekreuzigten erkennen
und in jedem Bruder, der sich wieder erhebt,
als den Auferstanden.

Komm, Heiliger Geist, zeige uns deine
Schönheit,
die in allen Völkern der Erde aufscheint,
damit wir entdecken, dass sie alle wichtig sind,
dass alle notwendig sind,
dass sie verschiedene Gesichter
der einen Menschheit sind, die du liebst.
Amen.

Gegeben zu Assisi, beim Grab des heiligen
Franziskus, am 3. Oktober, Vigil vom Fest des
„Poverello", im Jahr 2020, dem achten meines
Pontifikats.

Franciscus

INHALT

DRITTES KAPITEL

EINE OFFENE WELT DENKEN
UND SCHAFFEN

Lightning Source UK Ltd.
Milton Keynes UK
UKHW021345071220
374769UK00013B/934